스스로 배우는 학생을 만드는

가르치지 않는 수업

＊ 이 도서의 국립중앙도서관 출판예정도서목록(CIP)은
  서지정보유통지원시스템 홈페이지(http://seoji.nl.go.kr)와
  국가자료공동목록시스템(http://www.nl.go.kr/kolisnet)에서 이용하실 수 있습니다.
  (CIP제어번호: CIP2017007356)

● 학생들이 주도하는 수업을 묘사한 일러스트(가네코 아이: 당시 고등학교 2학년)

● 강의식 수업(왼쪽)과 '가르치지 않는 수업'(오른쪽)의 차이를 묘사한 일러스트
  (히라이 소이치로: 당시 고등학교 2학년)

● 고등학교 2학년 학생들의 수업 풍경(료고쿠 고등학교, 이하 동일)

● 고등학교 2학년 3학기의 마지막 영어 수업. 제일 뒤에서 수업을 지켜보는 이가 저자
이다.

● 학생끼리 짝을 이루어 상대와 의견을 교환하는 모습. 짝이 계속 바뀌는 게 특징이다.

● 학생이 제작한 영어 교재
(아사쿠라 유카 : 당시 고등학교 2학년)

● 붙임쪽지가 잔뜩 붙은 중학교 1학년 학생의 영어 사전

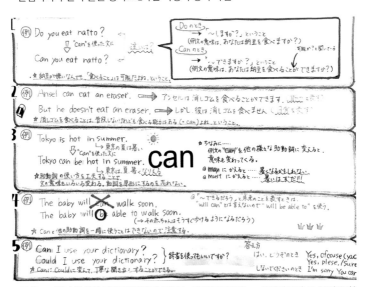

● 중학교 1학년 학생이 작성한 활동지. 저자는 정중앙에 '캔(can)'이라고만 쓴 종이를 학생들에게 나누어주었다.

- '픽처 드로잉(Picture Drawing)'을 통해 학생이 그린 그림. 영어를 모국어로 바꾸지 않고 내용을 이해하기에 효과적인 방법으로, 속독 수준이 향상된다.

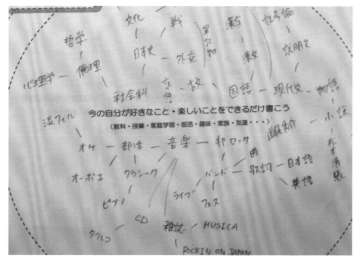

- '드림 시트(Dream Sheet)'의 활용 예. 좋아하는 것을 많이 적을수록 장래의 목표를 발견하기 쉽다.

●중학교 1학년 학생들과 합창 대회 후에 찍은 단체 사진

● 고등학교 'ESS'부의 영어 뮤지컬(2015년 11월, 도쿄 대회 당시)

스스로 배우는 학생을 만드는
가르치지 않는 수업

야마모토 다카오 지음 | 정현옥 옮김

솔빛길

교육 현장 밖에서 활약하는 사람들과 의견을 나누다 보면 '변화에 가장 둔감한 곳은 학교'라는 말을 꼭 듣는다. 학교가 사회 변화에 민감하게 대응하지 못한다는 느낌도 종종 받는다. 그래서 사회의 최전선에서 왕성한 활동을 펼치고 있는 사람들의 이야기를 학생들에게 들려주고자 전문가를 초빙해 학교에서 강연회를 열었다.

중학교 1학년 때부터 내가 담임을 맡았던 아이들이 고등학교 1학년이 되어 IT 관련 대기업에 다니는 직장인의 이야기를 듣던 중이었다. 아이들이 갑자기 심각한 표정을 짓는 것이 아닌가? "미래에는 지금 존재하는 직업 중 절반이 사라질 것입니다. 여러분 세대는 제로에서부터 일거리를 창출해야 한다는 뜻이에요."라는 말 때문이었다. 강연자는 옥스퍼드 대학교에서 AI(인공 지능)에 관해

연구하는 마이클 오즈번(Michael A. Osborne) 교수가 논문에서 주장한 내용을 인용한 것이었다.

오즈번 교수는 컴퓨터 기술 혁신이 눈부시게 빨라지면서 지금까지 인간 고유의 영역이었던 일을 로봇이 대신 처리하게 될 것이고 10~20년 안에 미국 노동 인구의 약 47%가 자동화 기기로 대체될 것이라고 했다.[1] 이것은 미국만의 문제일까?

일본에서도 10~20년 사이에 현재 직업의 약 49%가 자동화될 가능성이 있으며 철도 운전사, 회계·경리 사무직, 세무사, 우체국 창구원 등의 직업은 기계로 대체될 것이라고 예측한다.[2]

학생들은 앞으로 많은 일이 자동화되고 자신이 원하던 직업이 사라질 수도 있다는 현실 앞에 충격을 받은 모양이었다. 강연자는 기업에서 현재 요구하는 인재상을 '유능한 정보를 찾아내어 종합적으로 분석하고 새로운 가치를 창출하며 팀을 이루어 수행하는 능력을 갖춘 자'라고 했다. 사회에서 요구하는 인재상도 마찬가지다. 실제로 일본경제단체연합회에서도 산업계에서 요구하는 인재상으로 '폭넓은 교양, 과제 발견 및 해결 능력, 외국어 소통 능력, 자기 생각이나 의견을 논리적으로 표현하는 힘'을 언급했다.[3]

---

1) 논문 제목 「고용의 미래: 우리의 직업은 컴퓨터화에 얼마나 민감한가(칼 베네딕트&마이클 오스번, 2013년」. – 저자 주

2) 니혼케이자이(日本経済) 신문 '경제 교실'(2016년 1월 12일). – 저자 주

3) 일본경제단체연합회에서 자체 홈페이지 'Keidanren'에 게재한 「국립대학교 개혁에 관한 고찰 (2015년 9월 9일)」에서 발췌. – 저자 주

이처럼 사회에서 쓸모 있는 인재로 길러내기 위해서는 교육 혁신을 반드시 거쳐야 한다. 학교 개혁은 곧 사회의 요청이다.

교육계의 변화

이러한 사회의 요구를 받아들인 일본 교육계에는 지금까지 경험하지 못했던 큰 변화의 물결이 일고 있다. 문부과학성(이하 문부성)에서는 다가올 급격한 사회 변화에 대응할 수 있는 인재를 양성해야 한다는 의지를 드러냈다. 차기 학습 지도 요령을 통해 '무엇을 배우는가?'뿐만 아니라 '어떻게 배우는가?'에도 중점을 둠으로써 교육 목표 및 지도 방법, 평가 기준까지 동시에 개혁하려 하는 것이다.

개혁 방안 중 하나로 학생이 주체가 되어 공부하는 '액티브 러닝(Active Learning)' 방식도 제기될 것이라는 시각이다. 교육계에서는 이미 쟁점이 되고 있는 키워드이지만 일반인에게는 아직 익숙하지 않을지도 모른다.

액티브 러닝이란 교사가 일방적으로 가르치는 강의가 아니라 학생이 능동적으로 수업에 참여하는 교습·학습법을 아우르는 말이다. 짝 활동(pair work)이나 모둠 활동(group work), 토론, 논의 등과 비슷한 개념으로 이해하면 받아들이기 쉬울 것이다.

지금까지 학습 지도 요령을 통해 다양한 교육 개혁이 시도되었으나 정작 교육 현장에서는 큰 변화가 없었다. 그러나 이번 개혁은 학교에 확실하게 큰 변화를 가져오리라 확신한다. 대학교 입시 제도가 바뀌기 때문이다.

교육 혁신이 제기되어도 학교에서 크게 변화가 없었던 원인 중 하나가 대학교 입시 제도 때문이었다. 문부성에서는 「새로운 시대에 부응하는 고대(고등학교와 대학교) 접속 실현을 위한 고등학교 교육, 대학교 교육, 대학교 입학자 선발의 일반적 개혁에 관해(제96회 중앙교육심의회 총회, 2014. 12. 22.)」에서 과거의 입시 제도를 다음과 같이 지적했다.

> 지식 축적 등 측정하기 쉬운 일부 능력이나 선발 시점에 일시적으로 보유하는 능력 평가에 머물러 있고 정확한 평가보다는 학생 확보를 우선시하는 등, 고등학교 교육에서 얻은 능력과 앞으로 대학 교육에서 탐구하기에 필요한 능력을 평가하기 위한 입시가 아니다.

이에 따라 현행 대학입시센터시험 제도[4]를 폐지하고 새로운 대학교 입시 제도를 2020년도에 도입하겠다고 밝혔다.

대학교 입시 제도가 바뀌면 고등학교 수업 내용도 달라진다. 문부성은 대학교 입시 제도를 바꿈으로써 고등학교의 수업 방식을

---

4) 일본에서는 대학입시센터시험(National Center Test for University Admissions)을 먼저 치르고 각 대학에서 본고사를 치른 다음 두 점수를 합산해 합격·불합격을 결정한다. 시험은 매년 1월 13일 이후 첫 토요일과 일요일 양일간에 걸쳐 실시한다.

동시에 개혁하고자 한다. 강의 형식의 교사 주도형 수업으로는 길러내지 못하는 사고력·판단력·표현력을 요구하는 문제를 새로운 입시 제도에 적용할 것이니 고등학교에서도 이런 능력을 키우는 수업으로 전환하라는 것이다.

이 교육 개혁의 흐름은 학교뿐만 아니라 사회 전반에 크게 영향을 미칠 것이라고들 한다. 직장에서 사원 교육, 보습 학원이나 입시 전문 학원의 강의 방식, 그리고 육아 방식까지 바뀌리라 본다.

이렇게 사회와 교육계에서 커다란 지각 변동이 일고 있는 동안에 교사인 내 가치관에도 큰 변화가 생겼다. 시간을 조금 거슬러 올라가 3·11 동일본대지진에서 얻은 교훈이 계기가 되었다.

2011년 피해 지역으로

2011년 3월 11일 동일본대지진이 발생했을 때, 일본 전 지역 교사들은 제자들에게 할 말을 찾지 못했다.

나 또한 공생, 부흥, 지원, 방재 등 여러 단어를 섞어가며 교실에 앉은 아이들과 참상에 관한 생각들을 나누었지만, 아무리 어휘를 고르고 골라도 말로 표현하기 어려운 안타까움만 가중되었다.

지진이 발생한 직후에 신입생 설명회가 열렸다. 입학을 앞둔 초등학교 6학년 학생들을 향해 무슨 이야기를 해야 할지 망설이고 망설였다. 그리고 다음과 같은 말을 전했다.

…… 지금 여러분에게 할 수 있는 말은, 우리가 지금 이 자리에 살아 있다는 것입니다. 만날 수 있어서 다행입니다. 이 자리에 있어 다행이고 4월 7일 입학식에서 함께 시작한다는 기쁨을 누릴 수 있어 정말 다행입니다.

시작의 의미를 여러분에게 전하기 위해 도저히 피해갈 수 없는 이야기가 있습니다. 3월 11일에 발생한 동일본대지진입니다. 뉴스에서는 날마다 슬픈 머리기사를 쉬지 않고 내보냅니다. 여러분은 그때 어디에서 무엇을 느꼈나요? 그리고 지금은 무슨 생각을 하나요? 재난을 생각하면 지금 이곳에 있다는 사실에 감사합니다.

우리가 그들을 위해 무엇을 할 수 있을까, 여러분도 생각하고 실천하고 있겠지요. 기부를 하거나 전기를 아껴 쓰기도 하고 기도를 할지도 모르겠네요.

절대 잊어서 안 될 일은, 미래를 만들어가려는 의지입니다. 우리는 할 일을 착실히 하면서 한 걸음 한 걸음 앞으로 나아가야 합니다. 선생님들이, 그리고 여러분이 해야 할 일은 무엇일까요? 미래를 만들어가기 위해 무엇을 해야 할까요?

그 답은 4월에 시작하는 새로운 학교생활에서 찾을 수 있을 것입니다. 올해 봄 방학은 준비를 철저하게 해주세요. 달라질 수 있나요? 지금의 자신보다 성장할 수 있나요? 스스로 미래를 만들기 위해 자립하고 스스로 나아갈 수 있나요? 4월 7일 입학식 때 더욱 성장한 여러분을 기대합니다.

미래를 향해 교사와 학생이 함께 변화해야 하며, 미래를 어떻게 바꿀지 아이들과 함께 답을 찾겠다는 의지를 담은 말이었다. 그 후 중학교 입학식에서 학년 주임으로서 이 아이들을 맞았다.

같은 해 11월, 다른 반 담임인 산토 료분(山藤旅聞, 생물 교사) 선생님과 센다이에 있는 피해 지역을 방문했다. JR 센다이 선의 나카노사카에(中野栄) 역에 내려서 둘러본 광경은 재난의 영향을 받은 흔적이 전혀 눈에 띄지 않았다. 그런데 나나키타가와(七北田川)라는 작은 강을 건너 그 강줄기를 따라 해안으로 가까이 갈수록 쓰러진 울타리나 붕괴한 방파제 들이 하나둘씩 모습을 드러냈다. 파괴된 집, 꺾어진 전신주, 밭에서 올라오는 퀴퀴한 냄새, ……. 도쿄에서 화면으로 접한 광경보다 훨씬 끔찍한 모습이 그곳에 있었다. 더 앞으로 걸어가니 여기저기에 뼈대만 남고 모두 무너져내린 집들이 보였다. 집 내부가 훤히 보이는 콘크리트 담벼락들을 보니 피해 전의 평화로웠을 생활이 떠올라 가슴이 아렸다.

남쪽으로 10km 더 내려가니 눈에 익은 학교 건물이 보이기 시작했다. 지도 상으로는 이곳이 아라하마(荒浜) 초등학교인데, 우리가 알고 있던 활기찬 학교가 더는 보이지 않았다. 그곳에 있어야 할 아이들의 쾌활한 '기운'은 콘크리트 더미에 갇혀버려 갈 곳을 잃어버린 듯했다. 입을 쩍 벌리듯 크게 갈라진 벽 안쪽으로 졸업식과 입학식을 위해 장식한 붉고 흰 리본들이 보였다. 이 식장의 주인이었어야 할 아이들을 생각하니 둘 다 말이 나오지 않았다. 눈물이 끊임없이 흘러내렸다.

얼마 전까지만 해도 그 자리에 있었던 것이, 이제 없다. 가정에는 식구들의 웃는 모습이, 학교에는 학생들의 함성이, 마을에는 주민들이 오가는 온기가 있어야 하는데 말이다. 평소에 우리가 당연한 것으로 여기고 지나치는 삶이 그곳에는 전혀 없었다.

이 느낌을 우리 반 아이들에게 전달하기란 여간 어려운 일이 아니었다. 그러나 한 가지 분명히 깨달은 사실은 다음과 같다.

인간에게는 처음부터 다시 시작해야 할 때가 온다. 교사 없이도 학습할 수 있는 학생을 길러내야 한다.

지진과 같은 천재지변으로 모든 것을 잃고 다시 시작해야 할 때가 올지도 모른다. 사회에 나가서는 회사를 처음부터 일으켜야 할지도 모른다. 인간은 그때에 대비해야 한다. 배워야 한다.

교사와 어른이 꼭 해야 할 일은 교사나 어른이 없어도 아이들

● 피해 지역을 방문했을 때 들른 아라하마 초등학교. 이날의 경험으로 교사 생활에 커다란 전환기를 맞이했다. (2011년 11월 13일 촬영)

이 배움을 포기하지 않도록 씩씩하게 키워내는 것이다. 교사가 앞에 서서 가르치기만 하면 학생들이 교사에게 의존해버린다. 교사 없이 공부하는 아이로 자라지 못한다.

나는 고민 끝에 답을 찾았다.

'가르치지 않아야 한다.'

이때의 경험은 학생이 자립할 '가르치지 않는 수업'을 꿈꾸는 커다란 계기가 되었고 그렇게 나는 도쿄로 돌아와 가르치지 않는 수업을 위해 시행착오를 겪기 시작했다.

격변하는 사회에서 강인하게 성장하고 살아남는 아이를 육성하기 위해 학교를 개혁해야 한다. 학교를 보좌하는 가정도 바뀌어야 한다. 어른들이 매뉴얼을 만들어서 살아가는 요령만 일방적으로 집어넣는 것이 아니라 가르치던 손을 놓고 아이들이 스스로 일어날 수 있도록 응원하는 것이야말로 교사뿐만 아니라 부모가 해야 할 참교육이다.

14

제 **1** 장

'가르치지 않는 수업'이란?

'가르치지 않는 수업'이라는 말을 들으면 교사가 아무것도 가르치지 않고 학생들을 방임하는 교육이라 상상하는 사람도 있겠지만, 내가 추구하는 수업은 다르다. 이는 아이들의 문제 해결 능력을 키워가는 교육을 말한다.

가르치지 않는 수업은, 기존의 입시 학원처럼 여러 수강생에게 동시에 일방적으로 알기 쉽게 가르치는 방식을 탈피하고 학생들에게 과제를 주어 친구와 협력해 해결 방법을 찾도록 한다. 교사의 역할은 지식을 알기 쉽게 가르치던 것에서 문제 해결을 뒷받침하는 것으로 크게 바뀐다. 그렇기 때문에 가르치지 않는 수업이다.

문제 해결 방법을 터득한 학생에게는 교사가 가르치지 않아도 주어진 과제에 적절한 해결 방법을 주체적으로 선택할 수 있는 능력이 생긴다. 나아가 교사의 역할을 대신하는 학생 주도형 수업도 가능해진다.

가르치지 않는 수업이라는 발상은 학교 교육뿐만 아니라 사회 교육과 가정 교육에도 응용할 수 있다.

제1장에서는 가르치지 않는 수업과 기존 수업의 차이 및 '들어가며'에서 언급한 액티브 러닝이란 무엇인가에 대해서 짚어보겠다.

교사를 통한 필터 교육의 한계

나는 1994년부터 도쿄 시내 공립 중학교에 영어 교사로서 교단에 섰다. 수업 시간 내내 영어로 진행하기는 했지만, 어디까지나 교사 주도형 수업이었을 뿐 '가르치지 않는 수업'이나 '학생이 주체가 되는 수업'은 생각해보지도 못하던 시기였다. 그러다가 2006년에 료고쿠 고등학교(도쿄 도 스미다 구)에 부임했고 신설된 부속 중학교에서 수업을 이어갔다.

그 시기에는 학년 마지막 수업에서 지난 수업을 집대성하는 의미로 마틴 루서 킹 목사나 스티브 잡스의 연설문을 교재로 사용했다. 먼저 연설문을 들려주고 언어가 지닌 경이로움에 대해 말한 다음, 이를 영어 학습에 활용하기 바란다는 메시지를 학생들에게 전했다.

그러나 가르치지 않는 수업을 목표로 삼은 다음부터는 과거에 내가 해오던 수업 방식에 스스로 의문을 품기 시작했다. 과거의 내 방식은 교사라는 필터를 통해 전달된 메시지에 불과하며 너무 일방적이라 한계에 부딪힐 것이라는 생각이 들었다. 물론 뛰어난 교사가 전하는 메시지에서 얻는 교훈도 많다. 교사가 학생에게 전하는 메시지도 이따금 필요하다. 그러나 아무리 유능하더라도 교사라는 틀 안에서 말할 수밖에 없다. 교사가 일방적으로 가르치는 데만 집중하면 학생은 그 교사를 넘어설 수 없다.

나를 비롯한 교사들은 가르치는 사람이 훨씬 많이 공부해야 한다는 사실을 잘 안다. 충분히 공부하지 않으면 절대로 누군가를 가르칠 수 없다. 학생이 누군가를 가르칠 수 있을 때까지 공부한다면 교사인 내가 발신하는 메시지의 한계를 초월하고 생각하는 범위도 훨씬 넓어지지 않을까?

이런 기대를 품은 나는 2011년, 입학한 지 얼마 지나지 않은 중학교 1학년 학생들에게 가르치지 않는 수업을 시도했다.

나는 교실 앞에 서지 않는다

동일본대지진이 발생한 해에 입학한 중학교 1학년 학생들이 3학년이 되었고 중학교에서 배우는 마지막 영어 수업을 시작하게 되었다. 나는 학생들에게 수업을 맡겨보기로 했다.

한 과를 여섯 개 모둠에서 나누어 맡았고 모둠별로 학생들이 직접 지도안을 작성했다. 학생들은 수업 준비 단계에서부터 어떻게 수업을 이끌어갈 것인지 논의했다. 그 과정에서 학생들이 내놓은 수업 키워드를 보고 나는 눈이 휘둥그레졌다.

> 학생이 참여할 수 있는 수업 분위기를 만들 것 / 알기 쉽게 설명할 것 / 일방적으로 가르치지 말 것 / 영어로만 진행할 것 / 지루하지 않도록 할 것 / 읽고 싶은 프린트, 쓰고 싶은 프린트, 듣고 싶은 음성을 준비할 것 / 영문 사용례를 실어 더욱 구체화할 것 / 유머의 중요성을 인식할 것 / 학생 주체로 수업을 진행할 것 / 영문 내용을 가르치지 말고 학생들이 생각하게 할 것 / 선생님이 말을 많이 하지 말 것 / 모두 웃을 수 있는 수업으로 이끌 것. ……

학생들의 논의는 마치 영어 교사 연구회에서처럼 뜨거웠다. 나는 학생이 아니라서 논의에 참가할 자격이 없었지만 발언권을 얻어 의견을 말했다.

그리고 맞이한 수업 당일.

학생들의 창의력과 다양성은 내 예상을 훨씬 초월했다. 교과서 내용을 코믹한 연극으로 꾸민 모둠이 있는가 하면, 책상을 뒤로 물리고 모두 몸을 움직이면서 Yes/No 퀴즈를 즐긴 모둠도 있었다. 교과서에 나오는 단어를 가면으로 만들어 학생 모두 쓰고서 옮겨 다니며 영어 문장을 완성하는 모둠도 있었다. 가르치는 내용을 영화로 만든 모둠도 있었고 전문가 못지않은 실력으로 애니메이션 영상을 만든 모둠도 나왔다. 모두 개성이 넘쳤고 나로서는 도저히 생각하지 못했을 아이디어들로 가득했다. 가슴이 설렜다.

무엇보다 수업을 마친 아이들의 웃는 얼굴은 교사가 교단에 서서 일방적으로 가르치는 강의식 수업에서는 결코 볼 수 없었던 모습이었다. 이때 촬영한 수업 광경을 나중에 여러 연구회에서 소개했는데 영어를 가르치는 많은 선생님들의 감탄을 자아냈다.

수업 후에 학생들은 다음과 같은 감상을 남겼다.

- 반 전체가 공감하고 아이들 모두 참여할 있는 수업으로 만들고 싶었다.
- 반 아이들과 의견을 나누고 반응하면서 수업을 진행하지 못해 아쉽다.
- 명확하게 단계를 나누어서 연습을 더 했어야 했다.
- 발표 시간이 모자랐다. 생각할 시간을 더 주고 싶었다.
- 선생님과 학생, 학생 간 대화를 늘리고 싶었다.
- 책상을 돌면서 가르치기 쉽지 않았다.
- 시간 배분을 잘 못했다.
- 문명에 너무 의존하지 말아야겠다(당일 비디오 재생에 문제가 있었다.).
- 외운 것을 제대로 표현하지 못했다.
- 일부 아이들만 대답했다. 더 많은 학생이 참가할 수 있으면 좋겠다.

놀랍게도 학생들의 감상은 영어 교사들이 안고 있는 문제와 일치했다. 학생들은 교사가 가르칠 필요 없이 그들만의 힘으로 영어 학습의 본질을 파악한 것이다.

나는 자립해가는 아이들을 보면서 결단을 내렸다. 중학교 교사로 오래 근무했지만 고등학교 3학년 학생도 가르치고 있으니 이 아이들에게도 가르치지 않는 수업을 실천해야겠다고 말이다.

전통적인 명문대 진학 고교인 도쿄 도립 료고쿠 고등학교는 2006년에 중학교를 신설하면서 중·고등 통합 학교로 전환했다. 이런 명문고에서 새로운 시도를 하려니 저항도 따랐다. "중학교 교사에게 대학 입시 지도는 무리다.", "학생이 수업을 주도하는 방식으로는 입시에서 살아남지 못한다."라는 목소리가 학교 안팎에서 들렸다.

그러나 이런 우려의 목소리는 의욕적이고 주체적으로 공부하는 학생들 덕분에 극복할 수 있었다. 고등학교에서 담임을 맡을 선생님들도 함께 가르치지 않는 수업을 목표로 액티브 러닝 활동을 수업 시간에 적용하기로 했다.

"보수적인 명문대 진학 고교에서 새로운 페이지를 장식하자." 라는 의지에 공감한 오이 도시히로(大井俊博) 교장 선생님(당시)이 "과감하게 도전하세요."라고 격려해주실 때에는 교장 선생님의 굳은 결의를 느꼈다. 이렇게 주변의 지원에 힘입어 고등학교에서도 가르치지 않는 수업을 본격적으로 시작하게 되었다.

중학교 1학년 학생도 가능했던 학생 주도형 수업

학생 주도형 수업은 경험이 풍부한 3학년이었기에 가능했던 것이 아니다. 돌이켜보면 아이들에게는 이미 1학년 때부터 익숙한 방법이었다.

출장 때문에 수업 시간을 비워야 하는 날이 있었다. 평소라면 수업 시간을 교체하거나 자습을 시키는 조치를 취했겠지만, 나는 학생들에게 영어 수업 시간에 자주 접했던 활동 메모만 남기고 '알아서 공부하라'고 했다.

> **1학년 ○반 영어 과제**
> - 영어 단어를 사용한 빙고 게임(p.○○)
> - 교과서를 이용한 짝 활동(p.○○)
> - CD를 이용한 발음 연습
> - 공부한 내용 정리

기대 반 걱정 반으로 출장길에 올랐다. '역시 중학교 1학년에게는 무리일까?' 하는 걱정이 내내 머릿속을 맴돌았다. 그런데 감독하러 교실에 들어갔던 선생님이 메일을 보내주었다.

"야마모토 선생님, 굉장해요. 학생들이 자기들끼리 수업을 하고 있더라고요. 동영상을 찍어둘 걸 그랬어요."

이때의 뿌듯함이란!

비로소 나는 학생을 믿고 맡겨본다는 시도가 얼마나 중요한지 깨달았다. 그 후 '믿고 맡기기'는 학년 주임으로서 학년을 운영하는 데도 중요한 키워드가 되었다.

이렇듯 자습 시간이나 수업 중 잠깐이라도 기회가 생겨 학생들에게 수업을 맡겨보면 아이들은 놀라운 힘을 발휘한다. 학생들이 이끄는 수업이 결코 배운 내용을 복습하는 최종 마무리 단계에나 가능한 수업의 집대성은 아닌 것이다.

학생 주도형 수업이 가능하기 위해서는 평소에도 자립의 중요성을 인식하도록 하고 다양한 문제 해결 방법을 경험할 기회를 제공해야 한다. 지식을 알기 쉽게 설명해주는 것이 아니라 주어진 문제를 해결하는 방법을 일깨워주어야 한다. 이 문제 해결 능력이 바로 배움의 수단이자 어떤 과목에서든 기초를 다질 수 있는 발판이 된다. 배움의 수단을 손에 넣으면 학생은 목표에 맞추어 여러 수단 중 하나를 선택할 수 있다.

당시 중학교 1학년이었던 이 아이들이 고등학교 2학년이 되어 가을 학기 마지막 영어 수업에 임할 때 나는 교실 맨 뒤에 있었다. 성장하고 자립한 그들의 모습에서는 활력이 넘쳤다. 제시하는 영어가 불분명해도 학생들은 진지하게 친구가 진행하는 수업을 받아들였다. 수업 내용도 다채로웠다. 다양한 수업 방식 중에서도 압권은, 교실을 세 모둠으로 나누어서 독해, 표현, 문법을 돌아가면서 학습하는 방식이었다. 같은 교실 안에서 다른 수업을 동시에 전개하는 방법은 일본의 영어 교육계에서도 상당히 혁신적인 시도라 할 만했다.

주도적으로 수업을 이끄는 학생들의 눈빛에는 미래가 보인다. 교실 뒤에 서서 아이들의 수업을 지켜보면 나도 같은 곳을 향해 전진하는 느낌이다. '이 아이들은 해낼 것'이라는 믿음이 마음속에 구체적으로 자리를 잡아갔다.

'액티브 러닝'이란?

이 시점에서 액티브 러닝(Active Learning)이 무엇인지 이야기해보자.

이 말은 새로운 수업의 방향성을 논의하던 중에 생성되었다. 문부성에서 액티브 러닝 방식을 학교 교육에 도입한다고 밝힌 후 쟁점이 된 말이기도 하다.

그럼 액티브 러닝이란 무엇일까? 가르치지 않는 수업과 어떻게 연관 지어야 할지 알기 쉽게 설명해보겠다.

문부성에서는 액티브 러닝을 다음과 같이 정의했다.

> 교원의 일방적인 강의 형식 교육과 달리 수학자(修學者)의 능동적인 학습 참가를 도입한 교수·학습법의 총칭. 수학자가 능동적으로 학습함으로써 인지적·논리적·사회적 능력 및 교양, 지식, 경험을 포함한 범용적 능력 육성을 꾀한다. 발견 학습[1], 문제 해결 학습[2], 체험 학습, 조사 학습 등이 해당하

---

1) 교사의 도움 없이 학생 스스로가 어떠한 과제의 학습을 완수하도록 유도하는 방법. 1960년대의 학문 중심적 교과 과정에서 특히 강조하였다.

2) 학생에게 어떤 문제를 주거나 학생이 스스로 문제를 찾아서 이미 얻은 지식과 새로 얻은 자료로 그것을 풀어나가는 학습법. 학생의 생활 주변에서 문제를 찾고 선택함으로써, 학습과 생활을 결부하여 문제 해결 능력을 기르는 교육 방법이다.

나, 교실 안에서 실시하는 집단 토의(group discussion), 디베이트(debate), 모둠 활동(group work) 등도 유효한 액티브 러닝 방법이다.'(문부성 산하 중앙교육심의회 제82회 총회「새로운 미래를 구축하기 위한 대학 교육의 질적 전환을 향해: 평생 학습하며 주체적으로 생각하는 힘을 육성하는 대학으로」중 용어집에서 발췌)

여기에서 예로 들고 있는 집단 토의, 디베이트, 모둠 활동 등은 과거에도 접해온 활동이라 낯설지는 않을 것이다.

요는 학습자(위 용어집에는 '수학자'라 표기하였다.)가 능동적인지 여부이며, '인지적·논리적·사회적 능력 및 교양, 지식, 경험을 포함한 범용적 능력 육성'을 목적으로 하지 않는다면 액티브 러닝 활동이라 보기 어렵다. 이런 범용적 능력을 겸비한 사람이란 자립한 사람이라 할 수 있다. 따라서 액티브 러닝을 행하는 목적은 학습자의 자립이다. 단지 "모둠별로 이야기합시다." 하는 말만으로는 불충분하며 자립한 학습자를 기르겠다는 목적의식이 분명하지 않으면 무의미하다. 액티브 러닝은 어디까지나 수단이다.

내 수업에는 학습자가 자립하도록 돕는다는 목적이 반드시 기본적으로 깔려 있다. 가르치지 않는 수업은 학생이 자립하지 않으면 불가능하므로 액티브 러닝은 이를 실현하기 위한 최적의 학습 방법이다.

결론적으로 말하면 가르치지 않는 수업은 액티브 러닝이라는

수단을 접목한 학생 주도형 수업이다. 이후 가르치지 않는 수업을
이렇게 이해해주기 바란다.

가르치지 않는 수업에도 교사는 필요하다

그럼 가르치지 않는 수업과 교사가 교단에 서서 일방적으로 가
르치는 강의식 수업의 차이는 무엇일까?

우선, 지식이나 해결책을 알기 쉽게 제시했던 선생님의 역할이
크게 바뀐다. 영어 수업에서는 영어에 관한 지식이 아니라 학습
방법을 가르친다. 학생이 모르는 단어를 만나면 단어의 뜻이 아
니라 뜻을 찾는 방법을 가르치는 것이다. 즉 '무엇을 얼마만큼 가
르치는가?'가 아니라 '무엇을 어떤 수단으로 학습하게 하는가?'
를 염두에 둔다.

또 하나, 교사들은 가르치지 않음으로써 기존에 없던 시간적
여유를 얻는데 이를 학생 관찰에 할애해야 한다. 학생들이 저마다
가지고 있는 특성이나 안고 있는 문제를 면밀하게 관찰하고 피드
백하는 역할이 중요하다. 특히 학생을 지켜보다가 성장했음을 발
견하면 이를 본인에게 인지시키는 능력이 필요하다.

이런 식으로 교사는 바뀌어야 한다. 그렇다고 교사가 필요 없는
것이 아니다. 역할만 바뀔 뿐 절대로 학생을 방치하지 않는다. 가
르치지 않는 수업에서는 학생의 성장을 지켜보는 교사의 따뜻한
시선이 지금보다 훨씬 더 필요하다.

교사는 조력자로서 충분하다

교사의 역할 변화에 대해 조금 더 자세하게 들어가보겠다.

가르치지 않는 수업에서 교사는 퍼실리테이터(facilitator)가 된다. 사전적으로는 '(지시하는 사람이 아닌) 조력(협력)자, 일을 용이하게 하는 것, 촉진제'라는 의미다. 이 뜻을 수업에 비유하면 학생이 학습 활동을 유연하게 진행할 수 있도록 지원하는 사람을 가리킨다. 교사의 역할은 원활한 수업을 위한 키잡이 역할을 하는 것이므로 도달하고자 하는 목표를 분명히 드러내는 것도 중요하다.

가르치지 않는 수업에서는 학생들끼리 자율적으로 활동하는 시간이 늘어나므로 교사에게는 학생을 유심히 관찰할 시간이 생기는데, 이때 나는 교실 뒤에서 학생의 모습을 관찰하면서 시간을 조절하거나 다음 수업의 목표를 생각한다. 아이들의 자립을 돕기 위해 무엇이 필요한지 고민하는 마음으로 활동을 지켜보는 것이다.

이렇게 관찰하다 보면 학생들의 인간관계가 저절로 드러난다. 저마다 개성과 능력이 다르므로 짝 활동이나 모둠 활동 등에 어울리기 힘든 학생도 나온다. 학급 내 갈등이나 충돌이 원인일 경우도 많으므로 빠른 시간 안에 원인을 파악하고 괴로워하는 학생을 상담할 수 있다.

이처럼 학생을 면밀하게 관찰하는 시간은 교사가 교단에 서서 칠판에 적어가면서 강의하는 형식에서는 얻기 힘들다. 가르치지 않는 수업은 얼핏 방임하는 듯 보이지만 교실 내 교사의 역할이

상당히 크며 교사와 학생의 거리가 훨씬 가까워진다.

학생이 교사에게 보호받는다는 느낌은 매우 중요하다. 나 역시 이런 경험을 했다.

어느 기업에서 연수를 받을 때였다. 모둠 토의가 끝난 후에 "야마모토 씨, ○시 ○분 발언에서 논의점이 개선되었더군요."라는 피드백을 받았다. '그런 사소한 부분까지 보고 있었구나.'라는 놀라움과 기쁨이 동시에 밀려왔다. 이때 나는 누군가가 지켜보고 있다는 믿음이 학생에게 안도감을 준다는 사실을 실감했다.

학생이 활동하는 시간은 학생의 장점을 발견할 절호의 기회다. 학생의 장점을 발견해서 피드백하면 학생은 보호받고 있다는 안도감을 느낀다. 그러면 학생은 교실이 안심하고 마음껏 공부할 수 있는 공간이라 믿기 시작한다.

교실 분위기를 조성하는 세 가지 규칙

이런 배움의 장을 만들기 위해서는 학생들이 이해하기 쉬운 규칙을 만들어두는 것이 상당히 중요하다. 내가 수업에서 중요하게 여기는 세 가지 규칙을 소개하겠다.

Everyone should...
☐ listen, speak, read, write and move.
☐ enjoy making mistakes.
☐ say "Thank you." when your friends do something for you.

모든 수업은 'Everyone should...'로 시작한다. '모두 ~하자.'라는 제안을 통해 학급 인원 모두 지키기를 강조한다. 배울 때에도 혼자가 아님을 깨닫게 하는 것이 중요하기 때문이다. 자신 있는 것과 취약한 것을 학생들이 서로 보완해주는 집단을 만들자는 의미이기도 하다.

제일 윗줄의 'listen, speak, read, write and move(듣고 말하고 읽고 쓰고 행동한다)'는 영어의 네 가지 기능인 듣기, 말하기, 읽기, 쓰기에 move(행동하기)를 더한 것이다. 모둠 활동에서 아이디어가 쉽게 나오지 않거나 영문 해석이 어려울 때 가만히 있지 말고 누군가에게 도움을 받으러 가기 위해 움직여도 좋다는 뜻이다. 모순처럼 들릴지 모르지만 도움을 구하고자 하는 힘도 자립에 필요한 요소다. 강의식 수업처럼 가만히 선생님의 이야기를 듣는 분위기에서는 학생이 누군가에게 질문을 하기 위해 움직이는 것이 허용되지 않지만 액티브 러닝 방법을 이용하면 짝 활동이나 모둠 활동 도중에 자유롭게 움직이며 돌아다닐 수 있다.

두 번째 규칙인 'enjoy making mistakes'는 '실수를 즐기자'이다. 전에는 '실수를 두려워하지 말자'고 했으나 학생들이 실수를 나쁜 것, 두려워해야 하는 대상이라 인식하는 것 같았다. 그래서 '즐기자'라는 표현으로 바꾸었더니 다들 틀려도 웃는 얼굴을 보였다. 어감의 차이가 학생들에게 가져다주는 변화는 상상 이상으로 컸다.

특히 일본인은 발음이나 문법 등의 오류에 지나치게 예민해서 말하기를 꺼리는 경향이 있다. 영어 선생님도 "틀려도 기죽지 말라."라고 말하면서 "Repeat after me(나를 따라 하시오.)."를 연발한다. "Repeat after me."는 학생에게 이렇게 들릴 것이다.

"실수하지 않도록 나와 똑같이 말하라."

이러면 학생이 실수할 수 없다. 내 수업에서 "Repeat after me."라는 말은 학생들끼리 활동이 끝난 후에나 가능하다. 새로운 단어를 처음 익힐 때에는 당연히 발음이 어색하다. 자연스러운 현상이므로 틀려도 바로잡으면서 즐겁게 학습하면 되는 것이다.

마지막 규칙인 'say "Thank you." when your friends do something for you'는 '고마운 마음을 표현하자'이다. 수업 중에 친구가 가르쳐주거나 도움을 주었다면 반드시 "Thank you."라고 말함으로써 고마움을 표현한다. 당연한 마음 씀씀이인데, 학교에서는 의식하지 않으면 당연한 일도 소홀히 하게 된다. 특히 "고마워."를 말하거나 들을 기회는 의외로 적은 것 같다.

그러나 내 수업에서는 한 학생이 평균 20회 이상은 "Thank you."라는 말로 고마움을 주고받는다. 감사의 말을 듣기 싫어하는 사람은 없다. 실제로 이 마지막 규칙이 학급의 인간관계를 놀랍도록 유연하게 만든다.

누군가를 위해 활동하고 고맙다는 말을 들으면 으쓱해진다. 그리고 다음 활동에도 열중할 수 있다. 고마움의 표현, 도울 수 있다는 자부심은 자기 긍정으로 이어지며 교실을 안심할 수 있는 공간으로 받아들인다.

이런 교실에서 학생이 마음껏 도전할 수 있으려면 어쩔 수 없이 발생하는 실수를 나쁜 것이라 여기지 않는 환경을 만들어주어야 한다. 실수하더라도 극복할 수 있는 힘은 교사나 어른이 약간만 도와주면 얼마든지 습득할 수 있다. 학교뿐만 아니라 가정이나 사회에서도 아이들이 안심하고 실수할 수 있는 안정적인 분위기를 만들어가는 것이 우리 어른의 역할이 아닐까?

칼럼

원어민 보조 교사가 바라본 '가르치지 않는 수업'

스테퍼니 스완슨(Stephanie Swanson)

일본에 와서 문화적인 충격을 수없이 받았지만 그중에서도 제일 당혹스러웠던 것은 유럽과 너무 다른 교육 시스템이었다.

무엇보다 놀란 점은 한 반에 40명이나 되는 학생들 앞에서 교사가 모국어로 영어를 가르치는 광경이었다. 수업 내용도 문장 해석이나 교과서 읽기에 중점을 두는 반면, 말하기와 듣기는 중요도가 낮았다. 학생들은 실수를 지적당하기 싫어서 영어로 말하기를 꺼렸다.

그러다가 료고쿠 고등학교에서 영어를 가르치게 된 나는 어떻게 하면 학생들이 실수를 두려워하지 않고 영어로 의견을 말할 수 있을지 고민하던 중에 야마모토 선생님을 만났다.

료고쿠 고등학교에서는 영어 시간에 학생들이 적극적으로 영어로 말하고 학생들끼리도 의견을 교환했다. 특히 야마모토 선생님의 영어 수업에는 놀라움을 금치 못했다. 선생님은 학생들이 능력을 최대한 발휘할 수 있도록 격려하면서도 부정적인 표현을 쓰지 않았다. 그래서인지 너도 나도 영어로 의견을 말할 수 있는 분위기가 학급 전체를 감돌았다.

료고쿠 고등학교의 학생들이 특별해서가 아니다. 그들도 실수를 두려워하고 정답만을 추구한다. 하지만 자기만의 껍데기를 부수고 영어로 더 많은 표현을 하려고 노력한다. 이런 열정은 교실 안에서 멈추지 않고 디베이트 대회에 참가하거나 해외에 단기 유학을 가서 시야를 넓히기도 한다. 이런 방법으로 학생들은 자신의 영어 실력을 향상하고 자신감을 갖게 되는 것이다. 영어로 이야기하거나 사고하도록 교사가 적극적으로 유도하지 않았다면 이런 결과를 얻기 힘들었을 것이다.(원문은 영어로 작성되었다.)

성적이 떨어질 것이라는 우려에 대해

가르치지 않는 수업과 같은 학생 주도형 수업 때문에 성적이 떨어지지 않을까 염려하는 사람도 많을 줄로 안다. 여기서 성적이란 무엇인가를 고민해볼 필요가 있다. 일본 초·중·고등학교의 성적표에는 성취도를 평가하는 항목에 '관점별 평가'라고 적혀 있다.

'관점별 평가'란 학습 지도 요령에 제시된 목표에 맞추어 각 교과의 학습 내용을 몇 가지 관점으로 나누고 학습 상황을 관점별로 분석한 평가 방법이다. 모든 과목은 관심·의욕·태도 / 사고·판단·표현 / 기능·지식·이해 등 네다섯 가지 관점으로 나뉘어 있는데(국어만 다섯 가지, 그 외의 교과는 네 가지), 교사는 각각의 관점별로 목표를 설정해놓고 학습자가 그 목표에 얼마나 접근했는가를 분석해 A, B, C의 세 단계로 평가한다.

영어를 예로 들면, ① 의사소통에 대한 관심·의욕·태도, ② 외국어 표현 능력, ③ 외국어 이해 능력, ④ 언어나 문화에 대한 지식·이해, 이렇게 네 관점에 기초해 평가한다.

정기 고사 등 필기시험을 통해 측정할 수 있는 성취도는 ③에 해당하는 읽기, 듣기, 그리고 ④에 해당하는 문법 등의 지식이 중심이다. 여기에 쓰기 시험을 추가한다면 ②의 관점도 평가할 수 있으나, ①의사소통에 대한 관심·의욕·태도나 ②표현 능력은 필기시험만으로 평가하기 어렵다. 이들 관점을 올바르게 평가하기 위해서는 이 관점들을 아우르면서 적절하게 지도해야 한다.

그런데 실상은 어떨까? 이 관점들 모두를 향상하기 위한 지도 및 적절한 평가가 이루어지고 있을까? 실제로 영어 수업을 참관해보면 여전히 교과서 내용을 해석하거나 문법 해설이 중심인 경우가 많다.

2015년 베네세 교육종합연구소에서 실시한 '중·고등학교 영어 지도에 관한 실태' 조사 결과 36, 37쪽 표와 같은 결과가 도출되었다. 이 결과에 의하면 여전히 교과서 해석 등의 활동이 많고 말하기나 프레젠테이션과 같은 '표현 능력'을 평가할 수 있는 활동에 '자주 실시함'이라고 회답한 교사는 중학교에서는 9.1%, 고등학교에서는 3.8%에 그쳤다. 말하기 활동에 충실하지 않으면 ②외국어 표현 능력을 평가하는 것은 불가능하다. 그런데 성적표에는 평가 결과가 적혀 있다. 이런 식으로는 적절히 관점별 평가가 이루어졌다고 할 수 없다. 필기시험만으로 학생의 성적을 평가하기에는 한계가 있다.

영어 검정 시험을 입시에 반영하는 대학교

이런 현상에는 대학교 입시 제도가 크게 영향을 미쳤다는 의견이 대부분이다.

정기 고사 등 읽기 중심의 필기시험에서 얻은 점수가 학생들의 진로를 정하는 결정적인 지표로 작용했기 때문이다. 하나의 수업에서 모든 관점을 적용할 수는 없으며, 수업은 자연히 입시를 의식한 관점에 치중할 수밖에 없다. 지도하지 않았기 때문에 성적표의 관점별 평가란 중 일부를 공란으로 남겨둘 수밖에 없는 경우가 발생하는데 특히 고등학교에서 그렇다.

내가 가르치는 고등학교 3학년 수업에서도 입시를 의식할 수밖에 없다. 2학년까지는 말하기 등을 목표로 공부했으나 3학년에 올라가면 해석하는 문제도 접목한다. 자신의 의견을 영어로 세상에 발신할 수 있는 다양한 활동을 목표로 삼고 싶지만, 3학년 때는 입시에 대응하여 1문 1답식 좁은 관점의 문제에 답하는 것이 목표 중 하나가 되어버리는 것이다. 어쩔 수 없이 말하거나 토론 등의 활동 횟수도 줄어든다.

대학교 교수들 중에는 입시 제도가 바뀌어 시험 방식이 네 가지 기능(듣기, 말하기, 읽기, 쓰기) 시험으로 늘어나면 고등학교 수업으로 대응하기 불가능하지 않을까 하는 우려를 품고 있기도 한 모양인데, 오히려 지금의 입시 제도가 고등학교 영어 수업의 다양성을 빼앗고 있는 것이다.

그러나 대학교 입시 제도가 차츰 변모하고 있다. 영어에서는 네 가지 기능을 측정할 수 있는 외부 시험을 도입하는 대학교가 급속하게 늘고 있다. 지바(千葉) 대학교 국제교양학부에서는 GTEC CBT[3]에서 1,200점 이상 받으면 개별 시험 영어 과목을 만점으로 인정한다(2016년 3월16일 기준). GTEC CBT는 1년에 세 번 실시하는데 한 번 얻은 점수는 2년까지 유효하다. 미리 여러 회차에 응시할 수 있고 그중 제일 높은 점수를 입시에 적용할 수 있다.

와세다 대학교 문학부와 문화구상학부에서는 2017년도 입시부터 네 가지 영어 시험(TEAP[4], IELTS[5], 실용영어기능검정[6], TOEFL

---

3) Global Test of English Communication Computer Based Testing: 듣기, 읽기, 쓰기, 말하기를 점수별 절대 평가로 측정하는 시험. 약 175분간 시험을 치르지만 컴퓨터를 이용하기 때문에 종료 시간은 개인마다 다르다.

4) Test of English for Academic Purposes: 조치 대학교와 일본영어검정협회에서 공동 개발한 시험으로 대학교 수준에 적합한 영어 능력을 측정한다는 것이 취지다.

5) International English Language Testing System: 영국 케임브리지 대학교에서 주관하는 국제 영어 능력 시험으로, 영국, 오스트레일리아, 캐나다, 뉴질랜드 대학교에 입학하려면 필수로 치러야 한다.

6) 일본영어검정협회에서 실시하는 영어 능력 평가 시험으로, 급수로 평가한다.

지도 방법(중학교)

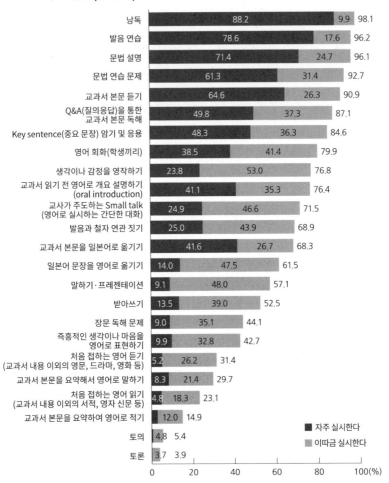

	자주 실시한다	이따금 실시한다	
낭독	88.2	9.9	98.1
발음 연습	78.6	17.6	96.2
문법 설명	71.4	24.7	96.1
문법 연습 문제	61.3	31.4	92.7
교과서 본문 듣기	64.6	26.3	90.9
Q&A(질의응답)을 통한 교과서 본문 독해	49.8	37.3	87.1
Key sentence(중요 문장) 암기 및 응용	48.3	36.3	84.6
영어 회화(학생끼리)	38.5	41.4	79.9
생각이나 감정을 영작하기	23.8	53.0	76.8
교과서 읽기 전 영어로 개요 설명하기 (oral introduction)	41.1	35.3	76.4
교사가 주도하는 Small talk (영어로 실시하는 간단한 대화)	24.9	46.6	71.5
발음과 철자 연관 짓기	25.0	43.9	68.9
교과서 본문을 일본어로 옮기기	41.6	26.7	68.3
일본어 문장을 영어로 옮기기	14.0	47.5	61.5
말하기·프레젠테이션	9.1	48.0	57.1
받아쓰기	13.5	39.0	52.5
장문 독해 문제	9.0	35.1	44.1
즉흥적인 생각이나 마음을 영어로 표현하기	9.9	32.8	42.7
처음 접하는 영어 듣기 (교과서 내용 이외의 영문, 드라마, 영화 등)	5.2	26.2	31.4
교과서 본문을 요약해서 영어로 말하기	8.3	21.4	29.7
처음 접하는 영어 읽기 (교과서 내용 이외의 서적, 영자 신문 등)	4.8	18.3	23.1
교과서 본문을 요약하여 영어로 적기		12.0	14.9
토의	4.8	5.4	
토론	3.7	3.9	

「중·고등학교 영어 지도에 관한 실태 조사 2015 (베네세 교육종합연구소)」

지도 방법(고등학교)

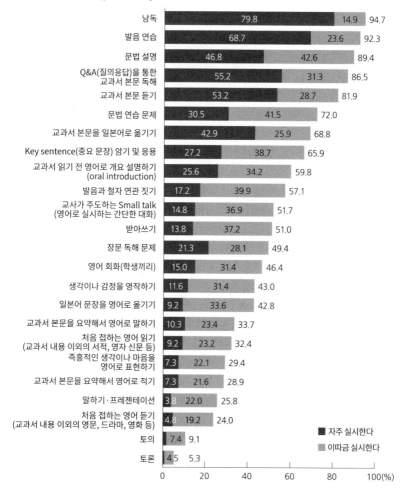

항목	자주 실시한다	이따금 실시한다	합계
낭독	79.8	14.9	94.7
발음 연습	68.7	23.6	92.3
문법 설명	46.8	42.6	89.4
Q&A(질의응답)을 통한 교과서 본문 독해	55.2	31.3	86.5
교과서 본문 듣기	53.2	28.7	81.9
문법 연습 문제	30.5	41.5	72.0
교과서 본문을 일본어로 옮기기	42.9	25.9	68.8
Key sentence(중요 문장) 암기 및 응용	27.2	38.7	65.9
교과서 읽기 전 영어로 개요 설명하기 (oral introduction)	25.6	34.2	59.8
발음과 철자 연관 짓기	17.2	39.9	57.1
교사가 주도하는 Small talk (영어로 실시하는 간단한 대화)	14.8	36.9	51.7
받아쓰기	13.8	37.2	51.0
장문 독해 문제	21.3	28.1	49.4
영어 회화(학생끼리)	15.0	31.4	46.4
생각이나 감정을 영작하기	11.6	31.4	43.0
일본어 문장을 영어로 옮기기	9.2	33.6	42.8
교과서 본문을 요약해서 영어로 말하기	10.3	23.4	33.7
처음 접하는 영어 읽기 (교과서 내용 이외의 서적, 영자 신문 등)	9.2	23.2	32.4
즉흥적인 생각이나 마음을 영어로 표현하기	7.3	22.1	29.4
교과서 본문을 요약해서 영어로 적기	7.3	21.6	28.9
말하기·프레젠테이션	3.8	22.0	25.8
처음 접하는 영어 듣기 (교과서 내용 이외의 영문, 드라마, 영화 등)	4.8	19.2	24.0
토의	7.4		9.1
토론	4.5		5.3

「중·고등학교 영어 지도에 관한 실태 조사 2015 (베네세 교육종합연구소)」

IBT[7]) 중 하나에서 학교에서 제시하는 기준점보다 높은 점수를 받은 수험생에게 학부 일반 시험(영어, 국어, 지리역사) 중 영어를 면제하기로 했다(2016년 3월 31일 기준).

대학교 입시 제도가 바뀌고 위와 같은 시험 방식을 적용하는 대학교가 늘어난다면 고등학교에서도 필연적으로 네 가지 기능을 의식한 영어 수업이 늘어나지 않을까? 만일 강의식 수업을 액티브 러닝 방식으로 바꾸었는데 학생의 성적이 떨어졌다면 지도한 내용을 꼼꼼히 평가했는지 의심해야 한다. 지도한 내용이 적절히 평가된다면 성적에 악영향을 미칠 일은 없기 때문이다.

강의식 수업보다 액티브 러닝 방식의 수업에서 학생들의 발언 횟수가 압도적으로 많다. 모르는 것이 있으면 각각 짝이나 모둠 원들에게 자유로이 질문할 수 있다. 이런 방식으로 난이도를 조정할 수 있기 때문에 교실 안에서는 자연스레 수준별 학습이 전개된다. 극단적인 학습 부진아가 발생하지 않는다는 점도 액티브 러닝형 수업의 특징이다.

진도를 채우지 못했다는 말이 사라진다

정기 고사(기말고사 등 정기적으로 치르는 시험) 기간이 다가오면

---

7) TOEFL Internet Based Test : 컴퓨터를 이용해 인터넷상으로 치르는 시험이다. 기존의 토플 시험에서 문법 영역을 폐지하고 말하기 능력과 읽기, 듣기, 쓰기가 결합된 통합형 에세이를 추가했다.

시험 범위까지 진도를 다 나가지 못했다는 선생님들의 신음이 들려온다. 시험 범위에 포함되는 내용을 모두 교사가 가르쳐야 한다는 생각 때문이다. 교사가 시험 전날 교과서 여러 페이지를 벼락치기로 설명하면 학생들이 비명을 지르는 현장도 이따금 목격한다.

애초에 교과 내용을 모두 가르친다는 것이 가능할까? 시험 범위까지 가르친다는 것이 과연 의미가 있을까? 내용을 알기 쉽게 칠판에 적어주기만 하면 가르쳤다고 할 수 있을까?

나는 교사가 일방적으로 말하고 칠판에 적어주는 방법으로는 학생이 배우는 데 한계가 있다고 믿는다. "시험 범위를 요약했으니 필기하세요, 시험에 나옵니다."라는 말은 "선생님은 할 일을 했으니 외우고 말고는 너희 책임이다."라고 말하는 것과 같다.

학생도 정기 고사 전에 방대한 지식을 머릿속에 꾸역꾸역 집어넣는다. 그리고 시험이 끝나면 모처럼 외운 내용들은 머릿속에서 줄줄 빠져나간다. 시험에 대비하기 위해서만 존재하는 수업에 무슨 의미가 있을까?

내가 만드는 시험 문제는 시험 전날에 바짝 공부한다고 점수를 얻을 수 있는 것이 아니다. 문제를 만들 때 수업마다 충실히 임하고 꾸준히 공부하지 않으면 점수를 얻기 힘들도록 연구하기 때문이다. 자율적으로 수업과 가정 학습이 유연하게 이어지는 학생은 시험 전에 특별한 공부를 하지 않는다. 평소에 하던 습관대로 공부하면서 취약한 부분만 검토한 다음 시험에 임한다.

액티브 러닝을 통한 가르치지 않는 수업에서는 학생이 스스로

'학습하는 방법'을 이해한다. 따라서 교사가 수업 진도에 맞출 필요 없이 미리 시험 범위만 정해주면 학생은 알아서 공부하게 된다. 예를 들면 태풍이나 유행성 감기 등 불상사로 휴교를 해도 학생들은 본인에게 적절한 방법으로 가정에서 학습을 이어갈 수 있다.

이렇듯 목표나 기한을 일찌감치 알려주고 오랜 시간에 걸쳐 해결할 수 있는 여유를 주는 것이 중요하다. 목표 달성까지 기간이 길수록 이따금 실수도 하면서 이를 개선하고 문제 해결을 위해 스스로 연구하며 길을 찾아갈 수 있기 때문이다. 결과적으로 교사에게도 여유가 생기니 시험 범위까지 진도를 다 나가지 못했다는 비명을 지를 일은 없을 것이다.

가르치지 않는 수업은 바쁜 교사를 구원한다

교사에게 생기는 시간적 여유는 가르치지 않는 수업의 특징이다. 일본 교사들은 너무 바빠 보인다는 말을 자주 듣는다. 본교에서도 아침 7시부터 선생님들이 하나둘씩 출근한다. 수업이 끝난 후에는 동아리 활동을 지도하고 그 후에 다음 수업 준비를 하면 눈 깜짝할 사이에 저녁 7~8시가 된다. 게다가 선생님 대부분은 집에서도 일을 한다.

베네세 교육종합연구소의 조사[8]에 따르면 공립 초·중학교 교

---

8) 'HATO·교원 매력 프로젝트(고퀄리티의 교원 양성을 위한 대학 연대)'의 위탁을 받아 베네세 교육종합연구소에서 실시한 조사. 2015년 8월 중순~9월 중순에 전국 공립 초·중·고등학교 교원을 대상으로 실시했다.

원들의 근무 시간은 11시간, 고등학교는 10시간이라고 한다. 여기에 평일 집으로 들고 가는 일의 양이 1시간 정도 추가된다. 수면 시간은 초·중·고등학교 교원 모두 5시간대다.

현실적으로 교사에게는 다방면으로 일이 산적해 있다. 수업, 업무 분장(교무, 생활 지도, 총무, 보건, 광고 등), 학부모 및 학생과의 면담, 학부모 회의, 급식 지도, 청소 지도, 복수의 동아리 활동 고문, 행사, 연수, 회의, 설명회, 입시 관계 업무, 회계 등 돈 관리, ……. 교사 한 명이 여러 역할을 수행해야 한다.

이 모든 일을 교사가 혼자 해결하려다 보면 근무 시간은 한없이 늘어난다. 조금이라도 학생이 할 수 있는 일이 있으면 맡겨야 교사에게 과부하가 걸리지 않는다. 가르치지 않는 수업에서는 학생에게 수업을 맡기기 때문에 여러모로 시간을 단축할 수 있다. 이를테면 내가 수업에서 사용하는 교재 분량이 줄어들기 때문에 날마다 준비해야 할 교재를 여름 방학 등의 장기 휴가 중에 한꺼번에 제작할 수도 있다. 익숙해지면 학생이 스스로 교재를 만들게 된다.

무엇보다 수업 중에 교사가 발언하는 횟수가 줄어들기 때문에 가르칠 '각본'의 요점을 추릴 수도 있다. 수업 중에 학생들의 활동을 관찰하면서 다음 수업을 위해 개선점을 파악하고 새로운 방식을 구상할 수도 있다.

수업 외의 동아리 활동이나 행사 등에서도 가르치지 않는 수업 방식으로 지도하면 학생이 자율적이고 주체적으로 활동하므로 교사가 관여하는 시간을 줄일 수 있다.

이처럼 가르치지 않는 수업에서 교사는 학생을 응원하면서 천천히 시간을 이용하기 때문에 심리적으로도 여유롭다. 특히 일과 육아를 병행하는 교사는 부담이 줄기 때문에 조금이라도 일찍 귀가해서 자녀와 소중한 시간을 함께 보낼 수 있어 좋다.

단지 학생에게 맡길 수 없는 잡무가 늘어나는 것도 사실이다. 몇 번이나 언급했듯 가르치지 않는 수업은 방임이 아니라서 학생을 지켜보는 시간이 훨씬 늘어나기 때문이다. 행정적으로 교사가 수업에 전념할 수 있는 환경이 정비되기를 진심으로 바란다.

왕따나 고립이 사라진다

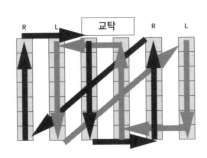

액티브 러닝 방식으로는 짝 활동이나 모둠 활동을 중심으로 수업을 진행하지만 가르치지 않는 수업에서는 옆의 그림처럼 활동별로 화살표를 따라 자리를 이동하기 때문에 짝이 계속 바뀐다.

이 방법은 학생들간 왕따나 고립을 막는 데도 효과적이다.

온라인 교육 프로듀서로서 인터넷 강좌를 통해 물리를 가르치는 다하라 마사토(田原真人) 씨는 내 수업을 참관한 후에 다음과 같은 감상을 남겼다.

지금까지 본 적이 없는 광경이 눈앞에 펼쳐졌다. 칠판에는 익숙하지 않은 그림과 R L R L …… 등의 알파벳이 적혀 있었다. R은 Right(오른쪽 학생)을 의미하고 L은 Left(왼쪽 학생)를 의미했다. 처음에 오른쪽 학생이 짙은 화살표 쪽으로 이동하면서 짝이 바뀌었다. 3분 정도 후에 야마모토 선생님의 목소리에 맞추어 왼쪽 학생이 옅은 화살표 쪽으로 이동하면서 또 짝이 바뀌었다. 새로운 짝을 만나면 서로 "Hello." 하고 인사하고 헤어질 때는 "Thank you." 하고 고마움을 전하는 방식으로 평화로운 분위기가 이어졌다. 이 장면을 어디에서 봤더라? 그래, 포크 댄스구나! 그야말로 정신없이 짝이 바뀌는 포크 댄스처럼 수업이 흘러갔다. (다하라 마사토 씨의 웹사이트 「거꾸로 교실[9] 연구 – 사색과 실천의 기록」에서 발췌)

계속해서 짝을 바꾸다 보면 때로는 마음에 들지 않는 상대와 짝을 이루기도 할 것이다. 그러나 활동별로 짝이 바뀌고 시간도 몇 분에 그친다. 포크 댄스처럼 박자에 맞추어 계속해서 짝이 바뀌다 보면 좋고 싫음을 의식할 틈이 없다. 또 상대가 있어야 과제를 해결할 수 있으므로 아무리 마음에 들지 않는 짝이라도 서로 필요한 존재가 되어 고마움을 느끼거나 상대에게 도움을 준다는 보

---

9) 온라인에서 선행 학습을 한 후 오프라인에선 토론식 강의 등을 하는 '역진행 수업'. 전통적 수업 방식과는 반대로 학생들이 미리 내용을 학습한 뒤 실제 강의에서 교수와 토론이나 과제 풀이 등을 하는 혁신적 수업 방식이다.

람이 생긴다. "평소에 말을 잘 섞지 않지만 짝 활동을 하면서 즐거웠다."는 등 상대에게 호감을 가질 계기도 된다. 교실 안을 학생들이 빙글빙글 돌면서 인간관계를 다이내믹하게 만들어가는 것이다.

이처럼 짝을 수시로 교체하면 학급의 인간관계도 쉽게 눈에 띈다. 'A군과 B군은 어째 이상하네. 싸움이라도 했나.', 'C는 모둠 활동에서 고립되어 있던데……'라는 식으로 금방 알 수 있다. 이런 발견은 강의식 수업에서는 거의 할 수 없다. 도저히 그냥 넘어갈 수 없는 이상이 느껴지면 수업 후에 해당 학생에게 말을 걸거나 담임 선생님에게 전달하는 방식으로 상황을 지켜볼 수 있다.

왕따의 원인 중 하나가 획일화된 인간관계다. 자리가 고정되어 있는 경우 수업 중 행동은 한정된 학생들끼리 이루어질 수밖에 없다. 쉬는 시간에는 좋아하는 친구들끼리 모인다. 뒷공론이나 오해가 생기면 이 한정된 인간관계 속에서 증폭되고 결과적으로 집단의 균형이 깨져 집단 괴롭힘으로 이어진다.

활동별로 자리를 바꾸는 방법은 이렇게 고정된 인간관계를 무너뜨린다. 그리고 "누군가를 위해 힘을 보태자."라는 과제를 설정하면 누구나 필요한 존재가 된다. 도움을 줌으로써 자연스레 감사의 마음도 생긴다. 학생 각자가 교실을 안심할 수 있는 공간으로 느낄 수 있다면 집단 괴롭힘도 사라지지 않을까?

가르치지 않는 수업의 단점

가르치지 않는 수업은 이렇듯 장점이 많지만 교사가 생각한 대

44

로 수업이 흘러가지 않을 때도 있다.

교탁 앞에서 일방적으로 가르치는 강의식 수업에서는 교사가 교과서 몇 페이지부터 몇 페이지까지 설명하고 칠판에 적기만 하면 그만이므로 학습 진도를 계산할 수 있다. 수업을 계획대로 진행할 수 있다는 점에서 교사에게 유리하다고 할지도 모르겠다.

반면에 가르치지 않는 수업에서는 학생이 학습 내용을 이해하지 못하면 제시간에 수업을 마치기 어렵다. 수업 시간만을 놓고 비교한다면 가르치지 않는 수업은 강의식 수업에 비해 학생의 학습 활동에 많은 시간을 요구한다. 이것을 단점으로 여기는 교사도 있다.

그러나 주체성을 습득한 학생들은 수업 중에 해결하지 못한 과제를 수업 외에서도 계속 생각하게 된다. 반대로 강의식 수업에 익숙한 학생은 누군가가 가르쳐줄 때까지 기다리는 경향이 있는 것도 사실이다. 결국 수업 외적인 학습이나 학교와 같은 환경을 만들기 어려워서 수업 중에 해결하지 못한 과제를 학원에 의존한다. 얼핏 효율적으로 보이는 수업일지라도 가르침에 의존하는 비효율적인 학습으로 전락할 가능성이 있는 것이다.

교사의 시점에서 가르치지 않는 수업의 단점을 좀 더 살펴보자. 가르치지 않는 수업과 강의식 수업을 비교했을 때 큰 차이는 교사의 역할이다.

가르치지 않는 수업에서는 자율적인 학습자 양성이 목적이다. 교사는 조력자로서 매 수업마다 명확한 목표를 제시해야 한다. 강의식 수업에서는 "오늘은 교과서 ○○페이지를 나가겠어요.", "오늘은 현재 완료 의문문을 배우겠어요." 등 단순 목표만 제시했으나, 가르치지 않는 수업에서는 '스티브 존스의 말하기에서 학생이 무엇을 실천하고 싶은지 서술하는 능력', '우주의 쓰레기 문제에 관해 그림을 그리면서 이야기하는 능력' 등 사고력·판단력·표현력을 모두 활용해서 일상생활과 관련된 구체적인 목표를 설정해야 한다.

나아가 이런 목표를 향해 수업에 어떤 활동을 적용하며 어떤 방식으로 지원할 것인지 설계하는 능력, 학생이 습득한 능력을 조절해서 적절하게 평가하는 능력이 교사에게 필요하다.

이렇듯 교사의 역할이 크게 바뀌면서 갖추어야 할 능력도 달라진다. 강의식 수업에 익숙한 교사에게는 크나큰 변화이기 때문에 이것을 단점으로 여기는 교사도 있다.

사실, 가르치지 않는 수업을 가로막는 벽은 가르치는 것이 좋아서 교사의 길을 선택한 사람들의 의식일지도 모른다. 나도 가르치는 것이 좋다. 하지만 학생 입장에서 보면 가르치지 않는 수업이야말로 자율적으로 학습하는 능력을 키울 수 있다. 이 능력은 장래의 학습으로 이어지기도 하므로 학생에게는 큰 장점이다.

이런 고민들이 꼬리에 꼬리를 물고 이어지던 중 나는, '가르치는 게 좋아서 가르친다.'라는 생각은 교사의 자기만족에 지나지 않는다는 사실을 깨달았다. 그리고 비로소 가르치겠다는 욕구에서 자유로울 수 있었다.

가르치지 않는 수업에 반드시 필요한 토대

가르치지 않는 수업을 실천할 때는 기초가 되는 토대 만들기를 빼놓을 수 없다. 가르치지 않는 수업에서는 학생들이 한 교실에서 함께 도움을 주고받으면서 배운다. 학생 각자가 가능한 일을 찾아 내고 집단 안에서 자기 나름대로 공헌하려는 마음이 원동력으로 작용한다. 이런 생각을 무의식적으로 침투시키기 위해 나는 여러 가지 방법을 연구했다. 바꾸어 말하면 이런 토대 없이 가르치지 않는 수업을 실천하기란 쉽지 않다.

우선 학년 목표에 '함께'라는 단어를 반드시 집어넣도록 했다. 중학교 1학년을 맡았을 때는 '함께 발견하기', 2학년 때는 '함께 키우기', 3학년 때는 '함께 행동하기'였고, 고등학교에 올라와서 는 '함께 나아가기'가 목표다. 학년 목표와 같은 제목으로 소식지 를 발행해서 학생들이 학년 목표에 자연스레 익숙해지도록 했다.

한 걸음 더 나아가 학년이 올라가거나 행사가 있을 때면 학년 전 원을 모아 사진을 찍었다. 사실 한 학년이 모두 들어가는 사진을 찍기란 간단하지 않다. 중학교 때는 한 학년에 120명이었지만 중· 고등학교 통합제인 본교에서는 입시를 통해 80명을 추가로 모집하 기 때문에 한 학년에 200명까지 모여 사진을 찍는다. 행사 때는 집 행 위원들이 따로 움직여야 해서 전원이 한꺼번에 모이는 타이밍 을 찾기도 좀처럼 쉽지 않다. 그러나 중학교 때부터 행사 후에 반드 시 단체 사진을 찍어온 아이들은 이제 단체 사진에 자기 얼굴을 담 기 위해 노력하고 또 찍는 순간을 소중히 여긴다(권두 사진 8쪽 위).

중학교 1학년을 맡아 처음으로 찍은 사진은 학년 목표에 쓰인 '함께(共, 공)'라는 한자를 형상화했다. 동일본대지진이 발생한 해에 입학한 아이들이었기에 떨어져 있어도 다들 함께 살아가고 있음을 인식시키고 싶어서였다. 2학년 때는 함께 키우기의 '育(육)'을, 3학년 때는 공헌의 '貢(공)'을 인간 글자로 만들어 찍었다. 이 학생들이 고등학생이 되어 학년 수가 늘어 200명 가까이 되었어도 거의 모든 아이들의 얼굴이 사진 속에 담겨 있다.

아이들은 살아가면서 이런저런 스트레스를 받는다. 성적이 뜻대로 나오지 않거나 가정 내 불화를 견뎌야 할 때도 있다. 핵가족 시대의 자녀들은 이런 스트레스를 혼자 떠안는다. 하지만 단체 사진을 보면서 같은 학년 친구들을 언제든 생각하고 혼자가 아님을 실감할 수 있다. 나아가 집단을 성적 따위로 구분해 비교하는 기준으로 보지 않고 서로 다름을 인정하면서 함께 협력할 수 있는 공동체로 받아들인다.

단체 사진을 찍는다는 행위에는 단체를 보이지 않는 끈으로 이어주는 능력이 있다. 교사들끼리도 학년 담임이나 같은 교과 교사들과 단체 사진을 찍으면 유대 관계가 끈끈해지는 느낌을 받는다. 하물며 가족사진은 어떨까? 혼자가 아님을 일깨우는 사진의 힘은 위대하다.

학생들과 함께 호흡하기 위한 노력

담임 선생님들은 학급 인원 한 명 한 명과 마주하기 위한 고민도 게을리하지 않는다.

료고쿠 고등학교는 한 학급당 인원이 40명이다. 담임으로서 학생들과 일대일로 마주하고 이야기할 시간이 필요하지만, 수업이 끝나면 동아리 활동이나 회의, 잡무에 발이 묶여 학생들과 충분히 이야기할 여유가 없다. 이런 현실을 개선하고자 동료 선생님들이 여러 방법을 연구 중이다.

다구치 히로아키(田口浩明, 사회 교사, 현재 도립 아다치 고등학교) 선생님은 청소 시간을 효과적으로 활용했다. 학생에게 구역을 명확하게 나누어준 다음 각각의 장소로 선생님이 찾아가서 함께 청소하며 대화를 나누는 방법이었다. 이 방법으로 상당히 많은 제자들과 이야기를 나눌 수 있었다고 하는데, 날마다 학급 인원 모두와 충분히 이야기하기는 어려웠을 것이다.

그래서 내가 착안한 것이 학생들과의 교환 노트다. 하루하루를 소중히 여기기 바란다는 마음으로 'Seize the day(시즈 더 데이)'라는 제목을 붙였다(51쪽 사진). 라틴어 'Carpe diem(카르페 디엠)'을 영어로 옮긴 표현인데 그날 그날을 소중히 여기라는 의미다.

이 노트는 교환 노트 외에 또 한 가지 중요한 역할을 하는데, 바로 학생 한 명 한 명과 연결 고리를 만드는 것이다. 4월 첫 수업 시간에 노트를 전원에게 나누어준 후 "겉표지에 친구들 사인을 받기 바랍니다. 사인을 주고받으면서 간단히 자기소개도 곁들이세요."라 지시한다. 교실에는 순식간에 여러 소집단이 형성되고 아이들은 서로 자기를 소개한다. 긴장한 채 칠판을 등지고 모두를 바라보며 소개할 필요가 없다.

노트 표지에 학급 학생들 전원의 이름이 적히면 다들 얼굴이 밝아진다. 담임인 나도 가볍게 사인한다. 전원의 이름을 보면 단체 사진과 마찬가지로 '나는 혼자가 아니야. 교실에 이렇게 많은 친구가 있어.'라는 느낌을 받는다.

노트에는 일상에서 일어나는 일들을 자유로이 쓸 수 있다. 그런데 막상 "자유롭게 써도 좋아요." 하면 아이들은 무엇을 써야 할지 망설인다. 그럴 때는 주제를 내가 말하기도 한다. '좋아하는 오뎅 재료'와 같은 가벼운 주제에서부터 '진로를 생각하면서 어려운 점'과 같은 묵직한 고민에 이르기까지 다양하다. 하루에 학생 전원과 이야기하는 것은 무리지만 노트 교환은 가능하다.

아이들은 이 노트에 여러 가지 이야기를 담아주었다. 이 노트 덕분에 아이들의 마음을 알 수 있었고 사고를 미리 막을 수도 있었다. 때로는 내가 위안을 받기도 했다.

'함께'에 반발하는 학생들

중학교 1학년 수업은 순조롭게 시작했으나 2학년이 되자 하나의 벽에 부딪혔다. '함께'라는 생각에 반발하는 학생들이 생긴 것이다. 공부에 전념하지 못하고 마음대로 행동하는 학생들이 나왔다. 일부에서는 "어째서 똑같은 걸 다 같이 해야 해?", "함께가 어쨌다고?"라는 불만도 들렸다.

나는 이 반응이 나쁘지만은 않았다. 무슨 일에나 비판적으로

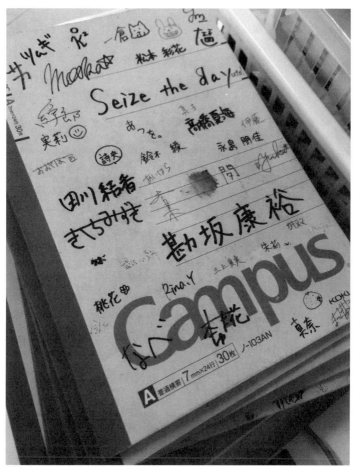

● 고등학생들과의 교환 노트 'Seize the day'. 표지에 학급 인원 모두와 담임의 사인을 남기는 과정을 반드시 거친다.

받아들이고 자기 행동을 스스로 결정하려는 의지는 자립하는 데 빠질 수 없는 요소다.

끈기를 갖고 이 아이들을 지켜보기로 했다. 급식 시간에 돌출 행동을 하고 화장실에서 나오지 않거나 방과 후에 동아리 방에 일부러 지각을 하는 등 제멋대로인 몇몇 학생 때문에 대다수의 학생들이 불편을 겪기 시작했다.

당시 젊은 교사들은 강하게 지도하지 않는 내게 의문을 가지기도 한 것 같다. 본인이 대신 악인을 자처하여 혼내주겠다고 제안하는 선생님도 있었다. 그러나 나는 동요하지 않고 대화하는 길을 택했다. 혼나기 때문에 행동을 개선하면 자립과 멀어지기만 할 뿐이다. 교사 없이도 계속해서 앞으로 나아가는 학생이 되길 바란다면 이 시점에서 승부를 걸어야 한다.

힘으로 억누르면 표면적으로는 바로 해결될지도 모른다. 그러나 겉으로 보기에 안정을 찾았다 해도 인터넷 속 세상으로 문제가 숨어버리거나 수면 아래에서 황폐해질지도 모른다. 무엇보다 잃어버린 신뢰 관계를 회복하기는 어려울 것이다.

중·고등학교 6년이라는 긴 시간 중에 반항기가 없다고 볼 수는 없다. 이런 때일수록 의지를 꺾지 말고 신뢰 관계를 계속 쌓아야 한다. 내가 반발하는 학생들을 조용히 기다릴 수 있었던 이유는 6년이라는 긴 시간을 들이면 자립의 싹을 틔울 수 있다고 믿었기 때문이다.

중학교 1학년 담임부터 시작해 아이들의 성장을 함께 지켜본 요코호리 마미(橫堀真美, 지리역사 교사) 선생님은 다음과 같이 당시를 회상했다.

혼내기도 했고 주의를 주어서 내가 일방적으로 제압하려
한 적도 있었다. 그러나 몇 번이나 실패와 반성을 되풀이했을
뿐 관리하지 못했고 오히려 자립한 학습자로 기르는 것이 무
엇보다 아이들의 성장을 촉진하는 길이라는 것을 깨닫게 되
었다.(58쪽 칼럼 참조)

교사들도 학생들과 함께 고민하면서 성장해왔다고 자부한다.
힘겹던 우리에게 구원의 손을 내밀어준 존재는 역시 학생들이
었다. 교환 노트 'Seize the day'에는 학생들의 다양한 의견이 적
혀 있었다.

• 그냥 반항기인 것 같습니다. 언젠가 그 아이도 선생님들 마
  음을 알 거예요.
• 무슨 일이 생기든 그 친구와 선생님들이 좋습니다. 열심
  히 할게요.

아이들은 많은 것을 느끼고 생각하고 있었다. 이 노트가 없었다
면 이때 아이들의 마음을 헤아리지 못했을지도 모른다.
  그런 일이 있은 후 교사들은 더욱 박차를 가해 가르치지 않는
수업을 이어갔고 학생의 자립을 꿈꾸었다. 수업이나 행사 때 서
로 돕는 과제를 주는 과정에 반발하던 학생들은 자연스레 안정기
로 접어들었다. 학생들을 믿고 기다린 끝에 구축된 신뢰 관계는

깊이를 가늠할 수 없을 정도다. 교사가 뜻을 굽히지 않고 끈기 있게 기다렸기에 학생은 학교를 안심할 수 있는 곳으로 느꼈으리라.

나는 학교에 교사가 학생을 힘으로 억압해야 하는 공간은 없다고 본다. 그런 공간이 있다면 그곳은 생명이나 인권을 다칠 위험이 있는 곳일 뿐이다. 이때는 몸을 던져 전력으로 대응해야 한다.

그러나 지금 학교 현장을 보면 사소한 일로 고함을 지르거나 학생을 짓누르는 지도가 여전히 보여 매우 안타깝다. 특히 젊은 교사 중에는 학생에게 만만하게 보이면 안 된다는 생각 때문인지 고압적인 태도로 학생을 대하는 교사도 있다.

거듭 말하지만 "혼나기 때문에 ~한다(하지 않는다)."는 자립을 막는다. 교사가 학생을 관리하려고 하면 할수록 아이들의 자립을 방해하게 된다. 사회나 가정에서도 마찬가지다.

시간은 걸릴지 모르지만 학생의 자립을 돕는 데 제일 중요한 일은 교사가 신뢰를 갖고 학생에게 맡기는 것이다. 이렇게 함으로써 학생은 일상생활에서도 담임에게 지나치게 의존하지 않고 스스로 학습할 수 있게 된다. 학급 운영도 학생에게 맡기면 담임이 없어도 훌륭하게 해낼 것이다. 본교의 자율 활동을 예로 들면, 선도부나 학급 임원 등 리더에 속하는 학생들은 조금 일찍 등교해서 교사와 그날의 일정 등을 협의한다. 그 후 조회 시간에 학생들 앞에서 하루 일정이나 주의 사항을 직접 전달한다. 담임은 출결이나 학생들의 건강 상태만 확인하면 되기 때문에 기본적으로는 교실 뒤에서 상황을 관찰한다. 보충할 사항이 있으면 덧붙이지만 교사가 말을 많이 하지는 않는다. 덕분에 학생들의 상황을 면밀하게 파악할 수 있고 몸이 안 좋아 보이는 학생을 발견하면 신속하게 대처할 수 있다.

한편 교사가 "교실에 들어가!", "조용히 해!" 하면서 앞장서서 지시를 연발하면 학생들은 언제까지고 교사의 말만 따를 것이다. 교사의 지시에 익숙해지니 솔선해서 움직이려고 하지 않는다. 행동이 늦은 학생뿐 아니라 학급 전체가 혼나는 꼴이다. 항상 지시만 받는 교실에서 아이들은 따뜻함을 느끼지 못할 것이다.

소풍과 수학여행에서도 진가를 발휘하다

중학교 1학년 때부터 가르친 제자들이 3학년이 되었을 때, 자립을 목표로 진행한 수업의 성과는 중학생 마지막 소풍에서도 드러났다. 학생들에게 소풍 일정을 짜도록 했더니 어디로 갈지, 어떤 수단을 이용할지 실행 위원을 중심으로 머리를 맞대고 중학교 마지막에 어울리는 멋진 계획을 세우는 것이 아닌가!

학급 학생들 모두의 의견을 수렴해 세운 계획은 도쿄 오다이바에서 보물찾기 놀이를 하고 점심에는 바비큐를 즐기며 수상 버스를 타고 아사쿠사로 이동해서 산책하고 돌아오는 내용이었다.

내 생각에는 바비큐도 해야 하므로 사복이 어울릴 것 같았는데 학생들은 교복을 선택했다. 중학교의 마지막 소풍을 정든 교복으로 마무리 짓겠다는 뜻을 모은 듯했다. 모든 과정을 본인들이 직접 계획했으므로 나는 보조적으로 지켜보기만 했다. 여정에서 처지거나 규칙을 위반하는 학생 없이 자율적이고 성공적인 소풍이었다.

고등학교 2학년이 된 이 아이들은 본인들의 경험을 토대로 이제 수학여행을 계획하기에 이르렀다.

학생들은 여행사 담당자에게 직접 자기들의 계획을 제안했다. 히로시마와 교토를 방문지로 선택하고 배우고 싶은 것들을 정리하며 점점 구체화했다. 수학여행 담당자인 산토 선생님은 학생들이 논의하는 모습을 지켜보며 매번 놀랐다고 한다.

여행사의 담당자가 비와(琵琶) 호수에서 수상 스포츠를 하면 어떻겠냐고 제안했을 때 "수상 스포츠에는 우리가 배우고 싶은 것이 없다."라며 만장일치로 거절했다고 한다. 목적을 분명하게 정하고 흔들림 없이 계획을 세우는 모습들에 자신감이 가득했다.

학생들은 히로시마에서 평화 의식을 치르고 교토에서는 배우고 싶은 내용을 기본으로 '이웃과 어울림'을 중시해 조별·반별 활동을 하기로 계획을 완성했다. 그리고 하나 더, 아이들은 계획을 짜는 사이 학교 선배인 마쓰자와 데쓰로(松沢哲郎, 당시 교토 대학교 영장류연구소 교수) 교수님께 연락해 '교토 대학교 교수와 둘러보는 교토, 반별 현장 학습' 일정도 세웠다. 교사들조차 생각하지 못한 발상이었다.

드디어 수학여행 당일, 비로소 나는 학년 주임이자 학급 담임으로서 학생들 앞에서 한 번도 마이크를 잡지 않았음을 깨달았다. 대신 수학여행 집행 위원장인 고바야시 가오(小林果緖, 당시 고등학교 2학년) 양이 선두에 있었다. 고바야시 양은 마치 신참 교사가 성장하듯 나날이 학급 전체를 하나로 이끌면서 적확한 지시를 내릴 수 있는 임원으로 변모해갔다. 마지막 반별 현장 학습 단계에서는 학생이 직접 가이드와 협의해 일정을 조정했다. 가르치지 않음으로써 자립하는 학생의 미래를 본 것만 같았다.

나는 평소에도 학생들이 자유로이 시간을 활용할 수 있도록 한다. 자율 활동 등을 이용해 주장하고 싶은 내용을 마음껏 발표하거나 전원이 레크리에이션을 즐기기도 한다. 중요한 점은 학생들이 스스로 계획한다는 것이다. 스스로 계획하면 자각과 책임이 생긴다. 계획을 성공시키려고 함께 협력하다 보면 집단이 하나의 유기체가 되어 유연하게 움직이므로 교사가 이래라저래라 지시할 필요가 전혀 없다.

가르치지 않는 수업을 통해 5년 동안 아이들로부터 정말 많은 것을 배웠다. 2016년 4월에는 내가 맡아온 아이들이 고등학교 3학년이 되었고 가르치지 않는 수업 실천이 6년째로 접어들었다. 중학교 때부터 함께 걸어온 이 아이들이 새 시대를 얼마나 씩씩하게 살아낼 것인가가 교사로서 즐거움이자 희망이다.

가르치지 않는 교육의 성과와 보람

요코호리 마미(료코쿠 고등학교 지리역사 교사)

나는 아이들이 중학생일 때부터 담임을 맡아 근무했고 아이들은 올해 고등학교 3학년이 되었다. 이들과 함께 보낸 지난 5년은 시행착오의 연속이었다.

교사는 학생들이 가능성 있는 보석이 되기를 바라면서 기대나 염원을 억지로 불어넣으려는 실수를 범한다.

그러나 아이들이 자립할 수 있도록 여유를 갖고 기다리면서 힘껏 응원하고 칭찬하면 아이들은 자연스레 교사의 생각을 흡수하고 해야 할 일을 찾아내어 스스로 생각하고 행동하기 시작한다. 가르치기를 가급적 자제하고 경험과 대화, 성찰을 통해 칭찬하고 맡기며 고마움과 신뢰를 갖는 것이 교사의 역할이라 믿는다.

배움의 본질, 그것은 남과 교류하고 자기 인생을 만들어가는 과정이다. 배운 것을 실제로 쓰지 않으면 의미가 없다. 쓰임에 맞게 이용하려면 시간이 필요하다.

중·고등 통합 6년을 내다보는 가르치지 않는 지도, 즉 학생들의 자립을 응원하겠다는 마음가짐으로 초조함을 버리고 느긋하게 애정을 듬뿍 쏟았다. 그랬기에 교사와 학생들 사이가 더욱 돈독한 것이 아닐까?

제**2**장

가르치지 않는 수업,
영어 실전 편

가르치지 않는 수업이 무엇인지 독자들도 이제 윤곽을 잡았으리라 생각한다. 제2장에서는 내 담당 과목이 영어인 만큼 영어 수업을 예로 들면서 가르치지 않는 수업에 대해 더욱 구체적으로 살펴보고자 한다. 가정에서 당장 실천할 수 있는 학습법도 소개하니 참고하면 좋을 듯하다.

질문으로 시작하는 수업

가르치지 않는 수업에서는 학생이 주체가 되어 수업을 진행하기 때문에 수업 목표를 명확하게 밝혀두어야 학생들이 길을 잃지 않는다. 산 정상에 있는 목표를 향해 아이들이 스스로 길을 선택해 오르는 것과 같다. 학교 수업에서 그 정상에 있는 목표는 '질문'이다.

질문으로 시작하는 수업은 앞서 수차례 등장한 산토 선생님의 수업에서 따온 방식이다. 이 선생님의 수업은 질문으로 시작된다. 예를 들면 이런 것이다.

> 음식을 먹자마자 달렸더니 배가 아팠다. 이때 신경이 어떻게 작용했을까?

이와 같이 일상생활과 연관되었으면서도 쉽사리 답할 수 없는 질문이다. 이를 열린 질문(Open Question)[1]이라 하는데, 학생은 질문의 답을 생각하면서 능동적으로 수업에 임한다. 나는 이 방법을 영어 수업에도 반영하고 싶어서 핵심 질문(Big Question), 이라는 형식의 질문으로 시작해보았다.

남아프리카 공화국 최초의 흑인 대통령인 넬슨 만델라가 럭비 월드컵[2]을 이용해 국민의 의식을 개선한다는 내용의 교재를 사용했을 때는 다음과 같은 핵심 질문을 만들었다.

> What do you want to change to make the world a better place?
> (더 나은 세상을 만들기 위해 무엇을 바꾸고 싶은가?)

---

1) 네, 아니요라는 단답형 대답을 유도하지 않는 질문
2) 남아프리카 공화국은 넬슨 만델라가 대통령이 된 후 아파르트헤이트(apartheid, 극단적인 인종 격리 정책)를 철폐했음에도 흑백 분열에서 헤어나지 못했다. 그러나 만델라의 제안으로 1995년 럭비 월드컵을 개최했고 우승까지 함으로써 흑과 백이 하나가 되었다.

이 질문에 답을 찾는 것이 수업 목표 중 하나였고 이 교재로 수업하는 동안에는 언제나 이 핵심 질문을 칠판에 붙여놓아 학생들이 인식하도록 했다. 끝날 때는 수업 시간에 배운 내용을 요약하고 핵심 질문의 답을 영어로 발표하도록 했다(Oral Presentation). 이 과정에서 표현 능력(말하기)도 향상된다.

이 질문에서 얻은 학생들의 답은 다음과 같았다.

> 진실을 이야기함으로써 세계를 바꾼다. / 교육 시스템을 바꾼다. / 유글레나를 이용한 새로운 에너지 / 전기 절약·아이들의 생명을 구하는 일 / 스마트폰 문제 / 다리〔橋〕를 사용한 발전 / 세계 빈곤 문제 / 다른 사람 입장에서 생각하기 / 학교에 가지 못하는 아이들 / 개발 도상국들 교육 / 병든 아이를 낫게 한다. / 배려하는 마음을 기른다. / 지구 온난화 / 물 쓰는 습관 / 세계 식량 문제 / 흡연 문제 / 국경없는의사회 / 행동의 중요함 / 새로운 일에 도전하기 / 인종 차별에 대해 / 종교를 통일한다. / 쓰레기 문제 / 평화 교육의 중요성 / 개구리밥 개량 / 가까운 곳에서부터 세계를 바꾼다. / 표현하는 것으로 바꾼다. / 미소로 세계를 바꾼다. ……

정해진 답이 없는 열린 질문은 이렇게 다양한 각도의 답을 끌어낸다. 답이 없는 질문에 답을 내고자 제로에서부터 생각하는 힘은 사고의 다양성을 기르고 장래에 새로운 아이디어를 창출하는 힘으로도 이어질 것이다.

62

사전 활용은 자율 학습을 위한 첫걸음

영어에서는 사전을 자유로이 활용할 수 있어야 자율적인 학습자로 가는 첫걸음을 떼는 것이다. 그러나 다른 학교에서 실시한 중학생 연구 수업을 참관하면서, 자기 사전을 갖고 있는 학생이 적다는 사실에 놀랐다. 담당 선생님에게 그 이유를 물었더니, 교직원이 2,000~3,000엔이나 하는 사전은 다른 교재에 비해 비싸서 학생 모두에게 구입하도록 권하기는 어렵다고 말했기 때문이라고 했다.

사전을 활용할 수 있어야 자립한 학습자가 될 수 있다. 평생 사용할 배움의 수단을 얻을 수 있다는 관점에서 싸다고 생각할 수는 없는 것일까?

권두 사진 6쪽 위에 실린 사진은 한 학생이 중학교 1학년 3학기에 사용한 사전이다. 사전에 다닥다닥 붙은 붙임쪽지는 2,000장이 넘는다. 찾은 단어에 붙임쪽지를 붙이는 활동은 주부(中部) 대학교의 후카야 게이스케(深谷圭助)[3] 교수가 제창한 일본어 사전 활용법의 영어판이다.

후카야 교수는 본인의 저서인 『7세부터 사전 찾기로 두뇌 훈련하기』에서 "한 권의 사전을 시작으로 스스로 답을 찾는 재미를 알면 아이들은 한시도 사전에서 손을 놓지 않고 자신의 흥미나 관심이 끄는 대로 씩씩하게 배우기 시작한다."라고 했다.

---

3) 교육학 박사이자 '사전 활용 학습법'의 제창자. 소학관 일본어 사전 편찬 위원. 비영리법인 아이·말 연구소 이사장.

실제로 이 방법을 영어 시간에 적용해보았는데 중학교 1학년 중에서 사전 찾기가 취미라는 학생까지 나왔다. 또 이 방법을 통해 학생들은 사전에 애착을 갖기 시작했고 교실에 사전만 덩그러니 놓여 있는 광경도 사라졌다.

붙임쪽지를 이용한 방법은 가정에서도 해볼 수 있으므로 실천해보기를 권한다. 방법은 간단하다. 찾고자 하는 단어가 실린 페이지에 붙임쪽지를 붙인다. 다양하고 알록달록한 붙임쪽지들이 시중에 많으므로 자녀에게 마음에 드는 것을 준비하도록 하자. 이렇게만 해도 동기 부여가 된다. 붙임쪽지에 조사한 순번과 단어를 적고 남은 붙임쪽지 뭉치의 제일 위에는 다음 번호를 적어두어 순서가 헷갈리지 않도록 한다. 단어를 적는 이유는 붙임쪽지가 사전에서 떨어졌을 때 다시 해당 페이지를 찾아 붙이기 위해서다.

첫 시도에서 붙임쪽지가 20장 이상 붙은 자신의 사전을 보면 뿌듯해한다. 그다음에는 카드를 모으듯 50장, 100장으로 늘어가는 붙임쪽지를 보며 과정을 즐기게 된다.

문법을 익히는 방식

가르치지 않는 수업 방식을 시작하기 전에는 얼마나 알기 쉽게 문법을 설명해야 할지 늘 고민했다. 그래서 칠판이나 활동지를 사용하면서 시행착오를 여러 차례 겪었다.

그러나 가르치지 않는 수업을 목표로 수업하고부터 내 활동지는 아래의 그림처럼 극도로 단순해졌다.

흰 종이 가운데에 can이라는 글자만 인쇄되어 있다. "내가 만든 활동지 중 최고 걸작이에요."라고 자랑하면서 이 용지를 나누어주었을 때 눈을 똥그랗게 뜨는 아이들을 보고 이들의 호기심에 불이 붙었음을 느꼈다.

활동지를 나누어주기 전에 "이번 수업에서 배운 can에 대해 아는 대로 설명해보세요. 제일 잘 정리된 것은 인쇄해서 학급 친구들한테 나누어주고 수업에서도 쓸 거예요." 하고 말해둔다.

아무리 그래도 갑자기 적으라니, 당황하는 학생도 있을 것이다. 이를 막기 위해 정리하는 방법을 귀띔해준다. 요즈음 영어 교과서에는 문법 설명이 상당히 자세하게 나와 있다. 고등학생이 되

can

● 저자가 중학교 1학년 학생들에게 나누어주기 위해 만든 활동지. 백지 한가운데에 can 이라고만 적혀 있다.

면 문법책도 다루지 않겠는가? 이런 책들을 참고해서 자기 나름대로 정리하면 누구나 이 활동지를 완성할 수 있음을 알려준다.

이렇게 학생들에게 작성하도록 해서 내가 가장 완성도가 높은 것으로 선택한 활동지가 권두 사진 6쪽 아래에 실린 사진이다. 이 활동지에는 수업 시간에 나온 예문이 풍부하게 실려 있다. 교과서나 참고서를 복사한 듯 그대로 옮겨적은 것이 아니라 사진처럼 수업을 통해 익힌 내용이나 스스로 조사해 새로 알게 된 사실을 정리한 활동지를 골라 수업에 활용한다.

활동지 작성 횟수가 늘어날수록 학생은 문법에 관해 정리하는 방법을 이해하면서 능동적으로 학습하기 시작한다. 한 발짝 더 나아가 작성한 학생 본인이 활동지를 설명하도록 하면 훨씬 주체적인 학습으로 이어질 것이다. 교사는 그 과정을 지켜보면서 보완하는 정도로 문법을 정리할 수 있다. 이렇게 하면 지금까지 교사가 만들었던 활동지를 학생이 만들 수 있게 된다.

공동 작업 과정에서 목적 인식하기

중학교 1학년 영어 수업을 기억하는가? 우선 알파벳을 외우고 기본적인 인사나 문장을 익히는 방법은 지금이나 과거나 크게 달라지지 않았다. 그럼 무엇 때문에 알파벳을 외워야 할까? 분명 교사들도 알파벳 암기를 당연하게 여겨 이유를 생각한 적은 없을 것이다.

그러나 가르치지 않는 수업에서는 각각의 활동 목적을 분명하게 밝히는 것이 중요하다. 내 수업에서는 알파벳을 외우는 목적이 '누군가에게 글자로 된 정보를 정확하게 전달하기 위함'이라고 분명하게 말하며, 구체적인 활동으로 거리에서 영어 간판 찾기를 한다.

요즈음 거리에는 영어로 쓴 간판이 넘쳐난다. 접하기 쉬운 영어 간판을 카드로 만들어 교실에 붙이고 모둠별로 분담해서 어떤 영어 간판이 있는가를 조사해가는 활동이다. 방법적으로는 액티브 러닝 방식의 전형적인 예인 지그소(jigsaw) 법을 사용한다. 지그소 법은 캘리포니아 대학교 산타크루즈 캠퍼스의 엘리엇 애런슨(Elliot Aronson) 명예 교수가 만든 학습법이다. 모둠원들이 각기 다른 정보를 들고 와서 지그소 퍼즐처럼 정보를 조합하여 전체상을 완성해가는 구조다.

학생이 들고온 정보를 모둠원들에게 전하기 위해서는 철자를 말해야 한다. b와 v, l과 r 등은 정확하고 또렷하게 발음하지 않으면 올바르게 전달할 수 없다. 학생들은 결국 알파벳을 바르게 발음하는 것이 왜 중요한지 깨닫는다. 각자 가져온 정보를 알파벳 순으로 정렬하도록 하면 알파벳 순서를 외워야 할 필요성도 느낀다.

알파벳을 외우라고 말하면 학생들은 대개 아무 생각 없이 무작정 외울 것이다. 그러나 주체적으로 학습하는 습관을 기르기 위해서는 어떤 활동이건 목적을 분명히 해야 한다. 그리고 목적에 맞게 친구와 협력해 산을 올라가는 경험을 쌓게 해야 한다.

지그소 법을 활용한 장문 읽기

한 가지 더 지그소 법을 활용한 활동을 소개하겠다. 영어 공부를 좋아하지 않았던 사람들 중에는 긴 글을 보면 거부 반응을 일으키기도 할 것이다. 그래서 내 수업에서는 장문을 네 등분해서 모둠원들이 나누어 맡도록 한다. 아무리 긴 글이라도 단락별로 끊으면 양에 대한 부담감은 줄어든다.

우선 장문을 네 등분해서 카드에 적고 각각의 카드를 교실 벽 네 곳에 적당한 간격으로 붙인다. 네 명이 한 모둠을 이루고 각 모둠원이 본인이 맡은 카드를 읽으러 간다. 그 후 각자 읽고 알아낸 정보를 들고 자리로 와서 글의 전체적인 그림을 그려나간다.

지그소 법을 사용해 거리에 즐비한 영어 간판의 내용을 익히는 활동은 단어를 수집하는 수준이었으나, 장문 독해에서는 어느 정도 완성된 문장을 통해 정보를 얻고 그 정보를 다른 모둠원들에게 전해야 한다. 원어민 선생님이 보조 교사 자격으로 수업에 참여한 경우에는 장문을 읽어주도록 함으로써 듣기 훈련도 동시에 할 수 있다.

본인이 담당한 카드를 빨리 읽은 학생에게는 다른 카드도 적극적으로 읽기를 권하는 반면, 읽는 속도가 느린 학생이 있어도 시간을 정확하게 끊어주어야 한다. 다 읽지 못한 학생에게는 다른 모둠에 가서(제1장에서 언급한 세 가지 규칙 중 move=행동하기) 부족한 정보를 얻을 수 있도록 독려한다.

읽는 속도가 아이들마다 달라도 상관없다. 그러나 얻을 수 있는 정보는 속도를 불문하고 어느 내용이나 중요하다. 학생들은 이처럼 공동으로 나누어 읽기를 시도한 후에 혼자 전체 글을 읽으면 깜짝 놀랄 정도로 내용이 머릿속에 쏙쏙 들어온다고 말한다. 이 활동을 반복하다 보면 혼자서 장문을 읽을 때도 단락별로 나누어 의미를 이해하면서 읽을 수 있다.

이처럼 반 친구들에게 정보를 전달하는 과정이 읽기 위한 동기 중 하나로 이어진다. 짝 활동이나 모둠 활동을 통한 공동 작업에 필요한 것은 "누군가를 위해 도움을 준다."라는 과제를 부여하는 것이다.

입시 문제에도 지그소 법으로 도전하다

지그소 법에 익숙해지면 협력해서 이루어낸 성과를 개인적인 학습법으로 바꾸는 능력이 생긴다. 이 방법으로 입시 문제에 도전할 수도 있다.

이를테면 장문 문제에 모둠별로 도전하게 하여 최고의 답을 이끌어내는 것이다. 문제가 여덟 개라면 한 모둠에 두 문제씩 배분하고 각각의 해설을 교실 벽 네 곳에 나누어 붙인다. 학생들은 문제를 모둠 내에서 다시 나누어 해설을 보러 간다. 같은 해설을 보는 학생끼리 이해도를 높이고 해당 문제를 설명까지 할 수 있도록 한다. 모둠으로 돌아가 각자가 읽은 문제의 해설을 주고받으면서 이해를 넓혀간다. 서로 문제를 설명하면서 해답의 길을 자연스레 익히는 것이다.

이처럼 입시 문제도 친구와 능동적으로 배우는 경험을 반복하다 보면 답을 찾아가는 다양한 방법을 자연스레 익히게 된다. 물론 문제에 개인적으로 도전할 때도 이 경험을 살릴 수 있다.

제1장에서 기술한 것처럼 내 수업에서는 학생들이 포크 댄스처럼 짝을 바꾸어가면서 학습한다. 도중에 모둠 활동을 끼워넣는 경우도 있으므로 구성원도 유동적이다. 짝을 바꾸면서 활동하는 도중에 small group(4인), large group(6인)과 같이 나누는 것이다. 활동마다 구성원이 바뀌면 한 교실에서 거의 모두와 연결 고리가 생긴다. 모둠 활동에서도 서로 '고마움 전하기' 규칙을 지키면 교우 관계는 더욱 돈독해진다.

짝 활동 및 모둠 활동의 장점은 그 안에서 학습 레벨을 조정할 수 있다는 점이다. 강의식 수업에서는 학생 전원에게 일방적으로 강의를 하므로 내용을 이해하지 못한 학생은 낙오해버리고 다음 수업에서도 따라가지 못한다. 모르는 내용이 있어도 말을 꺼내기 쉽지 않다. 질문을 하면 수업에 피해를 준다는 두려움 때문이다.

반면, 짝 활동이나 모둠 활동을 적용한 수업에서는 각각의 짝이나 모둠에서 개별 학습이 실시된다고 볼 수 있으므로 아무리 학습 부진아가 있어도 구성원의 도움을 받으면서 배울 수 있다.

짝이나 모둠 단위로 읽기를 훈련하면 서로 상대의 발음을 들으면서 모르는 문장을 질문하거나 확인할 수 있다. 이때 의미를 몰라 헤매는 부분은 학생 개인에 따라 다르다. 강의식 수업에서는 모든 의문에 대응하기 벅차다. 그러나 짝이나 모둠에서는 학생들끼리 모르는 곳의 의미를 서로 설명해줄 수 있다. 학생끼리 해결할 수 없는 경우에만 교사가 지원하도록 한다. 이렇게 모든 학생이 영문 전체의 의미를 완전히 이해하도록 몇 번이고 상대가 읽는 소리를 들으면서 영문을 습득해가는 것이다.

사실, 영어에 자신 있는 학생에게는 이런 수업이 지루하지 않을까 하는 걱정도 있었다. 어느 날 모의고사에서 전국 편차치가 90(상위 0.00315%)을 넘는 영어 우수생에게 짝 활동에 대한 감상을 물어보았는데 기대하지 않았던 대답을 들었다.

"저는 거의 얘기하지 않고 짝의 질문을 듣는 데 치중했어요. 그러면서 내가 무엇을 할 수 있을지 생각했지요. 짝을 관찰하고 짝을 위해 가능한 일을 찾으면서 많은 것을 얻거든요."

'학생들도 상대를 가르치면서 자신도 배운다는 사실을 깨닫는구나.'라고 생각하니 가슴이 뜨거워졌다.

중학교 3학년 때 영어검정 준1급을 땄다

오가타 하루키(大潟春樹, 료고쿠 고등학교 3학년)

나는 중학교 1학년 때부터 야마모토 선생님의 영어 수업을 들어 올해로 6년째가 되는 고등학교 3학년이다.

선생님의 수업은 가르치지 않음을 원칙으로 하고 스스로 학습하게 한다. 선생님은 우리에게 영어를 가르친다기보다 영어를 학습하는 장을 제공하신다. "교과서의 이 내용을 짝에게 설명하라.", "이 문장을 한 명이 읽고 상대방은 복창하라." 등으로 말이다. 우리는 선생님이 주시는 과제를 수행하면서 서로 영어로 이야기하고 자연스레 영어 능력이 향상된다. 영어 수업 중에는 끊임없이 영어로 말하는 소리가 여기저기에서 들린다. 배움은 수동적이지만 학습은 능동적이다. 우리는 능동적으로 학습함으로써 머릿속에 좀 더 깊이 영어를 각인시킨다.

영어는 언어다. 언어는 쓰면 쓸수록 내 것이 된다. 영어를 말하고 듣고 쓸수록 내 몸에 스며들어 자리를 잡고 저절로 혀가 움직인다. 문장 속에 모르는 단어가 섞여 있어도 어렴풋이 개요를 파악할 수 있게 된다. 나는 해외에서 공부한 경험이 없지만 중학교 3학년 때 영어검정 준1급을 딸 수 있었다. 나조차 깨닫지 못하는 사이에 3년간의 가르치지 않는 수업을 통해 절로 영어가 몸에 배었던 것 같다.

선생님 수업의 또 한 가지 특징은 극단적으로 영어를 말하지 못하는 학생이 없다는 것이다. 선생님 수업은 거의 짝 활동이나 모둠 활동으로 진행되므로 수업하는 한 시간 동안 몇 번이나 자리를 이동한다. 물론 영어 능력에 개인차가 있으므로 자기보다 영어에 서툰 친구, 혹은 잘하는 친구와 짝이 되기도 한다. 서툰 친구는 열심히 상대를 따라가려고 한다. 또 잘하는 친구는 상대의 영어에 귀를 기울이고 표현을 잘하도록 도와준다.

자리 교환을 반복하고 다양한 수준의 친구와 영어를 연습하면서 학급 전체의 평균도 올라간다. 교과서의 각 과가 끝날 때마다 오랄 프레젠테이션(oral presentation)이라는 시험이 있다. 배운 레슨의 내용을 영어로 설명하는 시험인데, 모두 무리 없이 통과한다. 칠판만 바라보고 각자 자기 자리에 앉아서 공부하는 수업으로는 이런 결과를 얻지 못했을 것이다.

야마모토 선생님의 수업은 본질적으로 능동적으로 공부하게 한다. 친구와 함께, 혹은 스스로 영어에 접근하면서 열심히 갈고닦으면 절로 영어를 사용할 줄 알게 되니까 선생님의 수업에는 놀라운 마력이 있는 것 같다.

스스로 질문 만들기

질문으로 시작하는 수업에 익숙해진 학생은 질문에 민감하게 대응한다. 어떤 질문이 재미있는지 혹은 능동적으로 배울 수 있는지 스스로 판단할 수 있다.

학년이 올라갈수록 수업이나 시험에서 질문을 받는 경험도 늘어나는데, 학생들은 이 경험을 토대로 스스로 질문을 만들 줄 알게 된다. 이렇게 경험에 근거해 질문을 만들어가는 활동이 바로 질문 만들기(Question Making)이다.

질문 만들기에 임할 때는 A3 크기의 복사 용지와 붙임쪽지를 사용한다. 우선 둘이 짝을 지어 앞으로 학습할 교과서 내용을 낭독하면서 의미를 대충 파악한다. 다음으로 네 명이 하나의 모둠을 만들어 질문 만들기에 돌입한다. 떠오르는 대로 가능한 한 많은 질문을 붙임쪽지에 적어 복사 용지에 붙여나간다.

갑자기 질문을 만들라고 하면 처음에는 갈피를 잡지 못할지도 모른다. 이때 필요한 것이 학생 본인이 질문받은 경험이다. 과거에 어떤 질문들을 받았는지 더듬어보면 질문 만들기가 수월할 것이다. 그런 다음 학생들 사이에서 나온 질문을 이용해 질문을 종류별로 분류한다. 질문들은 대체로 다음과 같이 나뉜다.

① 단어나 문장의 의미를 묻는 질문
② 문법 지식을 묻는 질문
③ 교과서 내용을 묻는 질문
④ 교과서 내용에서 발전한 열린 질문(open question)

이런 과정에 익숙해지면 학생들은 이 분류를 의식하면서 질문을 만들 수 있다.

모둠 내에서 질문을 완성했다면 질문지를 옆 모둠과 교환한다. 다른 모둠이 만들어놓은 질문에 답하면서 교과서 내용을 더 깊이 이해하는 것이다. 중간에 질문의 의도나 해답을 모르는 경우에는 작성자의 조언을 얻기 위해 자리를 이동할 수 있다.

질문 만들기를 하다 보면 횟수가 늘어날수록 다양한 질문이 나온다. 지금은 내가 만드는 질문의 80%를 학생들도 생각해낼 수 있다. 나머지 20%는 나조차 생각해내지 못한 질문이다.

학생들 사이에서는 이런 질문도 나왔다. 교토 대학교 야마나카 신야(山中伸弥)[4] 교수의 iPS세포에 관한 글을 배우는 시간이었다. 당시 나는 "What did you learn from Dr. Yamanaka?(야마나카 교수님으로부터 무엇을 배웠는가?)"라는 질문을 만들었다. 학생들에게 질문을 만들어보라고 했더니 흥미로운 내용들이 나왔다. 그중 하나가 "What is your top priority?(당신의 최우선 순위는 무엇인가?)"라는 질문이었다. 야마나카 교수의 "Saving the patients has always been the top priority.(나는 항상 환자를 살리는 것을 최우선으로 여긴다.)"라는 말을 응용해 만든 질문이었다. 내가 만든 질문보다 훨씬 흥미롭지 않은가?

나는 내가 만든 질문을 버리고 학생이 만든 이 질문을 핵심 질문으로 정하고 수업을 이어갔다. 수업의 목표인 '질문'을 학생이 만들어낸 것이다.

질문 만들기는 다른 과목에도 응용할 수 있는 활동이다. 교과서에 실린 모든 글에는 질문이 숨어 있다. 이는 모든 글에서 질문

---

4) 의학 박사이자 줄기세포 연구자. 교토 대학교 iPS세포연구소 소장 겸 교수. 2009년 앨버트 래스커 기초의학연구상, 2012년 노벨 생리의학상 수상.

을 끄집어낼 수 있다는 의미다. 질문 만들기에 익숙한 학생은 글을 읽을 때 늘 질문을 염두에 둔다. 나아가서는 질문 만들기를 통해 '교과서에 쓰인 내용은 사실일까?'라는 비판적인 시각을 가질 수도 있다.

가정에서도 자녀와 함께 질문 만들기에 도전해보기를 권한다. 단순히 정보를 수동적으로 받아들이는 습관 대신 비판적 사고가 가능해질 것이다.

가지처럼 뻗어나가는 질문들

질문 만들기는 영어 외의 수업에서도 응용하여 성과를 보였다. 바로 뒤 칼럼에 등장하는 오키 나호코(沖 奈保子) 선생님의 현대문 수업 풍경을 소개하겠다.

나쓰메 소세키의 「유메주야(夢十夜, 열흘 밤의 꿈)」 중 첫째 밤, 아름다운 여인이 남자의 눈앞에서 죽는다. 여성은 "백 년 동안 기다려주세요."라는 말을 남겼고 남자는 여인의 무덤 앞에서 기다린다. 어느 날 아름다운 백합이 피었는데 꽃잎에 이슬이 떨어졌다는 그런 이야기다.

질문은 "상징어 다섯 개를 찾아내어 주제를 밝혀라."다. 교실 여기저기에서 이런 대화가 들려온다. "그러니까 이 백합의 의미를 생각하려면 먼저……", "그 말은 결국 여자가 밤하늘 별이 되었고 거기에서 이슬이 떨어진다는 거야?", "사전마다 해석이 다르네. 고지엔에는……" 교실 중앙에서는 열 명 이상의 학생이 한 학생의 주위에 모여 열심히 이야기를 듣는다. 한쪽 구석에서는 서너 명이 교과서를 손에 들고 서서 이야기를 주고받고 있고 또 다른 곳에서는 한 학생이 책상에 얼굴을 파묻고 열심히 무언가를 적고 있다. 질문을 통해 호기심에 불이 붙으면 학생들은 이처럼 열정적으로 파고든다. 오키 선생님은 타이머를 고정하고 뒷문 가까이에서 학생들의 모습을 지켜보기만 할 뿐이다.

타이머가 15분을 남긴 시점에서 모둠별로 질문에 대한 결론을 발표하고 그 발표를 참고로 답을 논의한 후 감상을 적어 제출한다.

본문 여기저기에 흩어진 정보들로부터 '질문'을 만들어 분석하고 설득력 있는 해답을 만들어내는 학생들의 모습이 그려진다. 하나의 '질문'에서 더욱 많은 '질문'이 파생했고 해석에까지 이르렀다고 한다. 오키 선생님은 이날 수업 중에 질문을 제시하고 시간을 재며 활동지를 회수한 게 전부였다.

교육 실습생으로 함께 참여했던 고노 교스케(河野恭介) 씨는 오키 선생님의 가르치지 않는 수업을 통해 학생들의 살아 있는 표정을 보고 본인도 가르치지 않는 수업에 도전했다. 자신이 만든 질문에 학생들이 예상치도 못한 답을 여러 가지 제시해 감탄했고 교훈을 얻었다고 한다. 고노 씨는 경험이 짧은 교육 실습생조차도 가르치지 않는 수업을 실천할 수 있음을 증명했다.

이처럼 가르치지 않는 수업에서는 어떤 교사든 학생에게 배우는 장면이 많이 포착된다. 배움에 관해서는 어른이건 아이이건 모두 평등하다.

가르치는 것에 미련을 버리기까지

오키 나호코(沖 奈保子, 료고쿠 고등학교 국어 교사)

교사로 갓 부임했을 때 베테랑 지도 교사에게 이런 말을 들었다.

"수업 시간에는 우리가 알고 있는 지식의 30%밖에 못 가르칩니다. 그러니 열심히 공부하세요."

나는 이 말대로 쉴 틈 없이 교재를 연구했고 자긍심을 가득 안고 교단에 섰다. 이따금 잡담도 섞어가며 학생의 호기심을 자극했고 '지식을 얻는' 수업을 지향했다.

그러다가 어느 날 문득 '이 학급 안에서 수업 내용을 가장 잘 이해하고 있는 사람은 누구일까?'라는 의문이 들었다. 수업을 준비하고 과제를 제시하고 해결 방법과 답을 가르치고 있는 내가 보였다.

'이 교실 안에서 가장 머리를 써서 학습하는 사람은 나잖아.'

아이들은 배우는 것이 아니라 주입하는 대로 머릿속에 쑤셔넣기만 했다. 그저 의자에 엉덩이만 붙이고 억지로 이해하려고 안간힘을 쓸 뿐이었다.

'원래 수업은 학생을 위한 것이 아니던가? 학생이 지식을 얻고 능력을 키우도록 도와야 하는데, 나는 수업을 진행하면서 학생의 주체성을 배제하지는 않았나?' 이런 반성을 한 다음부터 가르치기를 조금씩 줄여가기로 했다. 교사가 된 후 10년이 지나고 나서야 얻은 깨달음이었다.

우리에게는 누구에게나 호기심이 있다. 생활하면서 일어나는 일들에 불현듯 '왜?'라는 의문을 갖는다. 횟수의 차이는 있지만, 어른이 되어도 호기심은 생긴다. 하물며 매일 새로운 배움을 접하게 되는 학생들은 '왜?'를 생각할 기회가 훨씬 많을 것이다. 그런데 호기심을 발휘하기도 전에 교사가 "이것은 재미있으니까 이런 식으로 이해해라.", "이것은 재미없으니까 생략한다.", "이것은 시험에 나오지 않으니까 넘어간다."라는 식으로 지나치게 간섭하면 학생들의 호기심은 조작되고 방해받는다.

나는 학생들이 수업에서 호기심이 발동하고 스스로 생각하고 공유하며 혼자 힘으로 해결할 수 있는 그런 배움의 주인공이 되기를 희망한다. 학습 중에 생긴 의문은 주어지는 것이 아니라 호기심에서 비롯되기를 바란다. 다른 사람의 '왜'에 대답하는 것이 아니라 자신의 '왜'를 이끌어내기를 바란다. 스스로 배우면서 스스로 해결했을 때야말로 성취감과 자기 긍정이 생기기 때문이다. 그 과정을 되풀이하면서 배움에 의욕적으로 도전할 수 있다고 믿는다.

내용을 그림으로 표현하기

가르치지 않는 수업에서는 픽처 드로잉(Picture Drawing)이라는 방법도 효과적이다. 픽처 드로잉이란 문자 그대로 영어를 듣거나 읽고 알게 된 내용을 그림으로 표현하여 이미지화하는 훈련이다. 예를 들면 읽고 그리기(Read & Draw)에서는 영문을 읽고 그림으로 표현한다. 이 훈련을 통해 일본어로 바꾸는 과정을 거치지 않고 내용을 이해하므로 결과적으로 속독하는 셈이다. 머릿속에서 영문을 이미지화하는 과정에 익숙해지면 비교적 단시간에 그림으로 표현할 수 있게 된다.

권두 사진 7쪽 위에 있는 그림은 한 학생이 교과서를 읽고 그렸다. 이 그림을 사용해서 알게 된 사실을 짝을 이루어 이야기하면서 영문 내용을 이해한다. 듣고 그리기(Listen & Draw)라는 방법도 있다.

그림으로 이미지를 표현하는 방법은 영어를 모국어로 고친 후에 이해하는 것보다 훨씬 영문에 집중할 수 있고 결과적으로 이해의 폭이 넓어진다.

가정 학습에서도 픽처 드로잉은 효과적인 학습법이다. 어떤 과목이건 상관없으니 학습할 페이지의 내용을 그림이나 표로 바꾸도록 지도해보자. 이때 교과서를 보지 않고 한 번 더 설명하면서 그리는 과정이 꼭 필요하다. 자녀가 가족에게 설명하면서 그림을 그릴 수 있으면 더욱 좋지만 혼자서도 가능하다.

실제로 내 아이(중학교 1학년)가 역사 공부에서 실시한 픽처 드로잉 그림을 오른쪽 페이지에 실어놓았다. 교과서를 보면서 처음에 그린 그림과, 교과서를 보지 않고 교과서 내용을 재현한 그림을 비교해보기 바란다. 여러 차례 반복하면 교과서 내용을 이미지로 기억하게 된다.

학습 방법을 여러 각도로 찾는 아이들

이처럼 질문에 대한 답을 발견한다는 목표(정상)를 향해 자율적으로 학습을 이어가기 위해서는 학습 수단을 스스로 터득해야 한다. 가르치지 않는 수업에서는 다양한 학습 방법을 체험하게 하고

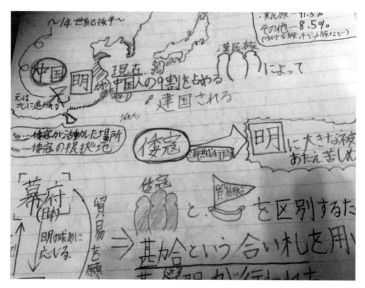

● 역사 학습에서 교과서를 보면서 내용을 정리한 그림

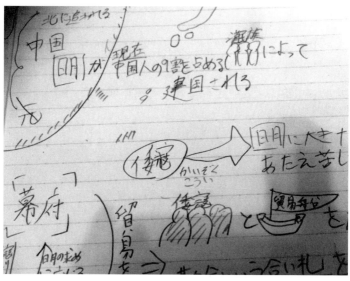

● 교과서를 보지 않고 내용을 재현한 그림

배움의 수단, 해결 방법을 습득하도록 돕는다.

영어를 가르치면서 가장 많이 받는 질문은 "선생님, ○○이 무슨 뜻이에요?"와 같은 단어나 문장의 의미를 묻는 질문이다. 그때 나는 "I'm not your dictionary(나는 네 사전이 아니야.)." 하고 대답한다. 답을 가르쳐주는 편이 효율적일지도 모르지만 답을 곧장 알려줘버리면 학생의 자립을 방해하기 때문이다. 그 대신 해결 방법을 조언한다. 다채로운 학습 수단을 자기 것으로 만든 학생은 목표에 도달하기 위해 어떤 학습 방법을 사용할지 주체적으로 선택하고 공부할 수 있다. 그러므로 어느 방법을 택할지는 학생에게 직접 선택권을 준다. 우선 학습 형태를 고르도록 한다. 일정한 목표를 제시한 후 개인 활동, 짝 활동, 모둠 활동 중 어느 형태로 공부하고 싶은지 학생이 정하도록 한다. 지시받지 않고 스스로 결정하면 능동적으로 임할 수 있다.

그런 후에 "○시 ○분까지 교과서 ○○페이지 그림을 영어로 설명할 수 있도록 연습해보세요."라는 목표를 제시해주고 아래와 같은 슬라이드를 보여준다.

- Use the pictures.
- Draw pictures by yourself.
- Use the sight translation sheet.
- Use your iPhone to listen to the audio file.
- Ask teachers to practice pronunciation.

- 그림 사용하기
- 직접 그림을 그리기
- 번역 활동지 (sight translation sheet)[5] 활용하기
- 아이폰 등으로 영어 음성 듣기
- 선생님께 발음 연습 요청하기

이렇게 하면 학생은 자기 선택에 책임감을 느끼고 목표를 달성하려는 동기가 생긴다. 활동 후에는 잘된 점을 칭찬하고 함께 공부할 수 있었다는 고마움을 나누는 분위기를 조성하는 것이 필요하다.

이처럼 수업 중 일정 시간을 할애해 교사의 통제에서 벗어난 자율 학습을 하도록 유도하는 과정은 가르치지 않는 수업에서 중요하다. 수업 시간에 스스로 학습할 수 있는 학생은 가정에서도 자율적으로 공부할 수 있을 뿐만 아니라 영어를 비롯한 여러 가지를 평생 배워가는 성숙한 학습자가 될 것이다.

---

5) 공간을 반으로 나누어 왼쪽에 영문을, 오른쪽에 뜻을 한 문장씩 적어내려간 활동지.

'알기 쉬운 전달식' 수업에서 '신나고 주도적인' 수업으로

산토 료분(山藤旅聞, 료고쿠 고등학교 생물 교사)

"선생님 수업은 쉬운데, 재미가 없어요."

내가 교사 1년 차일 때 수업 중에 자는 학생을 깨웠더니 그 학생이 한 말이다. 신입답게 의욕적으로 교과서 내용의 중요한 부분만 뽑아내어 개성적인 프린트를 만들었고 프린트 내용대로 설명한 후 프린트가 끝나면 평가 시험을 치르는 방식으로 수업했다. 어떻게 하면 학생이 알기 쉽게 설명할 수 있을까에만 신경을 쓰면서 수업했다. 그러던 중에 들은 이 말은 자신감이 붙기 시작한 당시 내게 큰 충격이었으나 내 수업이 생물학의 즐거움을 제대로 전하지 못하고 있음을 깨닫게 해주었다.

2년 차부터는 모든 수업에 실험과 관찰을 접목했다. 그 결과 학생들에게 '알기 위한' 시간이었던 생물 수업은 '즐거운' 시간으로 바뀌었다. 실험 프린트 마지막에 실린 고찰 및 문제의 해답도 더는 알려주지 않았다. 그랬더니 학생들이 직접 실험하면서 모둠별 학습을 통해 과제를 하나하나 해결해갔다. 지금까지 내가 아무리 가르치려 해도 시행착오만 거듭했던 내용을 학생들이 자발적으로 교과서나 자료집을 읽으면서 실험 결과를 토대로 연구하고 있었다. 교사가 교과 내용을 모두 세심하게 가르쳐야 한다고 믿었던 내게는 충격이었다. 이렇게 나는 가르치지 않는 수업의 첫걸음을 떼었다.

2012년 여름, JICA[6] 교사해외연수 프로그램을 이용해 부탄에 있는 학교를 방문했다. 일본에 비하면 교육 시스템은 개발 도상국임을 실감했지만, 현지 아이들의 미소나 배움을 향한 높은 열정, 그리고 장래에 대한 명확한 비전에 감탄했다. 무엇보다 놀란 점은 아이들의 영어 실력이었다. 그들은 장래에 살아남기 위해서는 영어가 필수라는 신념을 갖고 있었으며, 주체적으로 학습하고 있었다. 주체적인 학습으로 미래를 이어주는 교육 방식에서는 일본이 개발 도상국일지도 몰랐다. 부탄 아이들에게는 일본 아이들에게서 볼 수 없는 절박함과 자력으로 일어서겠다는 강인함이 보였다. 그래서 더욱 가르치지 않는 수업을 통해 그들과 같은 절박함과 강인함을 키우고 싶다.

현재 내 수업에서는 학생들이 만들어낸 다양한 질문을 학생들끼리 혹은 나와 대화를 통해 해결하고 있다. 배워야 할 최소한의 줄기는 교사인 내가 정하지만 나머지는 학급에서 나오는 질문에 따라 수업 방식을 달리한다.

나는 학생들이 듣고 싶은 내용, 알고 싶은 주제에 집중해 수업하고 있다. 때로는 "왜일까요?", "그 질문에 대한 답은 교과서에 나와 있을 거예요." 하고 자주적인 학습을 유도하면서 말이다.

주체적인 수업 분위기를 만들어가기 위해서는 학생들에게 배우고자 하는 욕구가 있어야 한다. 나는 주체적인 학습을 유도하기 위해 아래의 다섯 가지 도입 방식을 수업에 적용한다.

---

6) Japan International Cooperation Agency: 개발 도상국이 안고 있는 어려움이나 과제를 해결하도록 다각적으로 지원하는 국제 협력 기구. 통상 '자이카'라 부른다.
　　JICA 교사해외연수란 국제 이해나 개발 교육에 관심 있는 교직원을 대상으로 실제로 개발 도상국을 방문해 그곳의 현실 등을 파악해 일본과의 관계, 국제 협력의 필요성 등을 재인식하도록 하는 프로그램이다.

- 실험이나 관찰 등 실물과 접촉하기
- 학생이 갖고 있는 지식이나 감상에 의문을 제기하기
- 놀라운 사실에 접근하기
- 들은 적은 있으나 설명할 수 없는 현상을 끄집어내기
- 배워두면 언젠가 유용할 것이라는 믿음을 심어주기

일단 수업에 들어가기 전에 위의 내용 중 하나가 성공하면 그다음은 학생들이 질문과 의문을 계속 만들어내고 그 질문이나 의문에 맞추어 수업을 진행한다. 이 수업에서 내 역할은 "어떻게 생각해요?", "이 질문에 대해 생각해볼까요?" 하고 학생들의 질문을 자연스레 이어주는 것이다.

내 평생의 업, 영어 연극

가르치지 않는 수업의 연장선상에는 내 어릴 적 소망인 영어 연극이라는 과외 활동이 있다. 이 자리를 빌려 내가 평생 업으로 삼고 몰두하고 있는 영어 연극에 대해 이야기하고자 한다.

나는 영화나 뮤지컬을 좋아해서 언젠가 작품을 만드는 직업에 종사하고 싶다는 꿈을 유년기부터 꾸었다. 교사가 된 후 중학생들이 참가하는 영어 연극 대회를 관람하면서 중학생의 순수하고 넘치는 생명력에 압도당했고 내 안에 잠자던 꿈이 다시금 꿈틀거렸다. 나도 학생들과 영어 연극을 만들기로 마음먹고 대본 및 작사, 작곡, 연출까지 직접 도맡았다.

각본을 짤 때는 학생들이 외워두면 좋을 영어 문형이나 표현을

풍부하게 사용하면서 전쟁이나 에이즈, 유기견 살처분 등의 사회 문제를 다루었다. 이런 문제를 접목하면 학생들은 연기하면서 전하고자 하는 메시지에 대해 고민하기 때문이다. 내용들을 더욱 깊이 있게 다루다 보면 전하고 싶은 메시지도 명확해지고 그 메시지가 관람객들의 마음에 가닿기를 간절히 바랄 것이다. 이렇게 전하고 싶은 강한 메시지는 학생들이 쏟아내는 대사에 그대로 실리고 이것이 극 전체의 에너지로 확대되리라.

영어를 사용하면 메시지를 세계로 퍼뜨릴 수 있다. 더욱 정확하게 전달하기 위해 발음이나 문법 등 세세한 부분에까지 신경을 쓰다 보면 공부해야겠다는 의지가 샘솟고 결과적으로 수업에 임하는 자세도 적극적으로 바뀐다. 이런 사이클이 영어 실력 향상에 도움을 줄 뿐 아니라 영어를 배워야 하는 동기도 부여해준다.

전에 근무한 학교에서 영어 연극을 통해 좋은 결과를 얻었기에 성취감도 느꼈다. 그래서 본교에서도 영어 연극을 해보고 싶다고 제안했지만, 전통적인 명문대 진학 고교에서 동아리 활동은 당연히 비판을 받았다. 영어 연극 따위를 하면 학습 시간이 줄어서 성적이 떨어진다는 발언도 있었다. 하지만 여러 난관을 극복하고 부속 중학교에서 영어 연극 활동을 시작했다.

학생들은 열심히 연습해서 도쿄 영어 학예 대회에도 참가했는데 지금은 단골로 입상하는 학교가 되었다. 참가한 학생들의 영어 실력은 눈부시게 향상되었고 영어 연극에 쏟아졌던 비난의 화살도 자연스레 줄어들었다.

초기 작품부터 참가했고, 지금은 졸업을 했음에도 연습 시간에 모습을 드러내는 두 경험자의 목소리를 다음에 소개하겠다.

> 입시 공부를 할 때도 '앗, 이 표현은 영어 연극에 나왔는데.' 하고 반가울 때가 종종 있었다. 내 영어 실력의 기초가 연극 덕분에 다져졌음을 실감했다.
>
> — 다자와 고지(田澤浩二, 도쿄 공업 대학교 합격)

> 연기를 맡았을 때 대본을 모두 암기했다. 중·고등학교에서 배우는 문법이 대부분 들어가 있었기 때문에 영어에도 자신감이 붙었다.
>
> — 아베 유다이(阿部雄大, 도쿄 대학교 합격)

둘 다 영어 연극이 자신의 영어 실력 향상에 영향을 주었다고 말한다. 그들을 비롯한 영어 성적 상위자 명단에는 영어 연극 참가자의 이름이 차례차례 올라갔다.

지금도 수업 지상주의로 동아리 활동에 부정적인 반응을 보이는 학교가 있다고 한다. 물론 수업에 충실히 임해야 하겠지만, 동아리 활동을 통해 선후배들과 같은 목표를 위해 기량을 갈고닦는 경험도 귀중하다.

연습 과정에서 생긴 부작용

이렇게 내가 좋아서 시작한 영어 연극이었지만 늘 순조롭지는 않았다. 내가 쓴 대본을 학생이 이해하지 못할 때는 대본에 쏟아 넣은 열정을 뜨겁게 설명했다. 메시지 위주의 작품으로 학생들의 마음을 움직이고자 하는 열의가 너무도 강해서 연출이 자꾸 엇나갈 때는 조바심도 났다.

어째서 말하는 대로 움직여주지 못하는가?

생각이 꼬리에 꼬리를 물고 허공에서만 발버둥 쳤다. 뜨거운 열정을 드러낼수록 연극에 빠져드는 아이가 있는가 하면 오히려 멀어지는 학생도 나왔다.

"선생님 마음은 알겠어요. 그래도 저는 그렇게까지(주제에 대해) 깊이 생각하고 싶지 않습니다. 그냥 연기가 즐거워서 했던 거예요."

내가 지나치게 일방적이었던지 이런 말을 남기고 떠나는 학생도 있었다. 영어 연극도 수업과 마찬가지로 일방통행으로 돌진할수록 학생들은 자립에서 멀어졌다.

그러던 어느 해에 내가 바빠서 연습에 자주 빠지자 연극 단원들이 스스로 연습에 매진하기 시작했다. 이 해에는 유기견 살처분에 관한 내용을 다루었는데 주제를 더욱 깊이 이해하고자 여름 방학을 이용해 직접 동물 보호소까지 찾아간 학생도 있었다.

내가 자리를 깔아주지 않았음에도 학생들이 그들 나름대로 목표를 분석하고 자율적으로 주제를 연구했다. 자립한 학생은 스스로 공부하고 연구하며 표현할 수 있을 정도로 성장해 있었다.

영어 연극을 통해 성장하는 아이들

연출가를 동경하던 나는 내가 모든 것을 쏟아부은 작품을 토대로 학생들이 노래하고 춤추며 연기하는 모습을 보면서 상당히 기뻤다. 학생들도 매번 놀라운 표현력을 자랑했으며 중학생으로서 크나큰 가능성을 보여주었다. 학생들에게 이런 장을 제공할 수 있어서 보람도 느꼈다. 방과 후 연습 시간에는 마치 극단 배우들처럼 공손한 인사로 시작했고 짧은 시간 동안 집중했다.

연습 후에는 늘 반성하는 자리를 가졌는데, 어느 순간부터 내가 하려는 말을 학생들이 먼저 하기 시작했다. 그러다가 연출이라는 역할이 생겼고 학생이 자발적으로 연출하기 시작했다. 이렇게 영어 연극에서 내 위치는 점점 좁아졌다. 최근에는 대본을 써보고 싶다는 학생도 나왔다. 배우(학생)가 자립하고 연출이나 스태프와 협동하면서 스스로 작품을 만들어가는 모습은 기대 이상으로 멋있었다. 내 품을 벗어나 걷기 시작한 영어 연극 활동은 학생들의 창의력으로 거듭 발전하는 중이다.

작년(2015년)부터는 본교에서 교사 생활을 시작한 지 4년째인 니이다 리카(丹伊田 里香, 영어 교사) 선생님에게 바통을 넘겼다. 니이다 선생님이 제작한 작품은 도쿄 대회에서 3위에 입상할 정도로 멋진 결과를 남겼다. 선생님 역시 학생들을 지켜보면서 끈기 있게 주체성을 길러주었다. 이처럼 지속적으로 주체성을 키워줌으로써 학생들은 교사에게 의존하지 않고 역동적으로 활동할 수 있다. 최근 학교마다 문화제를 없애는 추세이지만 학생들이 주도적으로 움직이는 이런 동아리 활동은 큰 의의가 있다고 본다.

수업뿐만 아니라 동아리 활동을 통해서도 자립해가는 학생들을 보면서, 교사로서 학생들을 어떻게 키워야 할지 훨씬 명확해졌다. 나는 프로 극단의 연출가가 아니다. 극단을 모방해 단체를 만들고 학생들이 내 의지대로 움직이게 하는 것은 단순한 자기만족에 지나지 않는다. 나는 내 꿈을 실현하기 위해 작품을 만들고 연출을 하려던 것이 아니었다. 영어 연극이라는 매개를 통해 배우와 단원들을 자립의 길로 인도하고 싶었다.

영어 연극을 통해 학생들이 어떻게 자립했는지, 학생이 직접 작성한 감상문을 본문 마지막(191쪽)에 실었으니 읽어주면 좋겠다. 조금 길지만 자립하기까지의 갈등이나 고민, 그리고 달성한 후의 성취감이 솔직한 언어로 표현되어 있다.

제**3**장

가르치지 않는 수업 방식을
도입하기까지

햇병아리 교사 시절

'들어가며'에서도 조금 언급했지만 여기에서 내가 가르치지 않는 수업에 이르기까지의 과정을 좀 더 구체적으로 이야기하고 싶다.

나는 1994년에 교사가 되었다. 도쿄 공립 중학교가 첫 부임지였다. 당시 교내 폭력은 줄어들고 있었으나 학교에서는 일부 반항적인 학생들 때문에 수업 진행이 원활하지 못했고 소위 수업 붕괴가 쟁점으로 부상한 시기였다. 내가 선배 교사로부터 처음 들은 말은 "학생들한테 만만하게 보이지 말라."였다. 그 때문에 틈을 보이지 않으려고 늘 긴장했다. 조금이라도 반항하는 학생이 있으면 어떻게 제압할지, 주위에 영향을 미치지 않도록 어떻게 해야 할지 연구했다. 힘으로 억누르는 그곳에 학생의 자립은 없었다. 그러나 교사 1년 차인 나로서는 선배들을 따르는 길 외에 방법을 찾지 못했고 학생들의 자립을 생각할 여유 따위는 없었다.

수업하는 과정도 괴로움의 연속이었다. 수업을 땡땡이치거나 방해하는 학생들 때문에 흰머리가 늘어날 지경이었다. 그 시기에 미우라 구니히코(三浦邦彦, 당시 아다치 구립 다이삼 중학교 교사, 현재 시마네 현립대학교 종합정책학부) 교수님이 수업하는 동영상을 보았다.

수업은 끝날 때까지 영어로 진행되었고 학생들의 눈은 반짝거렸다. 중학생과 영어로 수업하는 일은 있을 수 없다고 확신하고 있던 나는 충격을 받았다. 내 수업과 너무도 비교되어서 앞으로 어떤 수업을 해야 할지 당황했던 기억이 난다. 그때부터 미우라 교수님도 참여한 스터디 소모임 '영어수업연구회'에 이따금 얼굴을 내밀었다.

영어수업연구회는 오사 가쓰히코(長 勝彦, 당시 료고쿠 중학교) 선생님과 스기모토 가오루(杉本 薫, 동일) 선생님을 중심으로, 영어수업 방식 개선을 연구하는 모임이었다. 한 달에 한 번 토요일 오후면 많을 때는 50명이 넘는 영어 교사들이 전국에서 모여들었다.

1990년에 시작한 이 연구회는 발족한 지 사반세기가 지났고 개최 횟수도 230회를 넘겼다. 신입 교사 시절에 동경의 대상이었던 스기모토 선생님과는 현재 같은 학교에 근무한다. 영어수업연구회는 지금도 토요일 오후 월 1회 주기로 본교인 료고쿠 고등학교에서 열린다.

영어수업연구회는 영어 교사로서의 내 기초를 튼튼히 다져주었다. 교사 생활 10년 차인 2003년에는 영어교육 전국 대회(전국영어 교육연구연합회 도쿄 대회)에서 도쿄 대표로 1,000명이 넘는 교사들 앞에서 모델 수업을 하기도 했다. 연구회에서 많은 선생님의 지도를 받고 미우라 선생님처럼 All English 수업을 선보였다. 당시 오타 구립 미소노(御園) 중학교에 근무하던 나는, 아주 평범한 공립 중학교 1학년 학생도 영어로 활발하게 수업에 참여할 수 있음을 전국 교사들에게 보여주었다.

그러나 이 시기 나는 줄곧 안개 속에 갇힌 듯 해결하지 못한 숙제와 씨름하고 있었다.

2006년에 료고쿠 고등학교에 부속 중학교가 개교하면서 이곳으로 전근을 했고 새로운 환경에서 영어로만 수업을 계속했으나 여전히 안개는 걷히지 않았다.

케임브리지 대학교에서 얻은 교훈

내 수업에 드리운 안개를 걷어내지 못한 나는 2011년 동일본대지진 후 영어 교사로서 내가 바뀌어야 한다고 자각하기 시작했다. 그러던 차에 여름 방학을 이용해 영국 케임브리지 대학교에서 실시한 영어 교수법 연수에 참가할 기회를 얻었다.

이미 영어 교사로서 20년 가까이 교육 경험을 쌓았고 영어교육 전국 대회에서도 높이 평가받은 내 수업 방식은 케임브리지 대학교에서도 어느 정도 인정받으리라 기대했다. 그러나 내가 그때까지 해오던 수업을 그 자리에서 실연한 후 내 자신감은 바닥으로 곤두박질쳤다.

"당신의 수업은 학생에게 너무 많은 울타리를 쳐주고 있습니다."

연수에서 들은 말이다. 분명 당시 내 수업은 학생이 실패하지 않도록 세심하게 많은 정보를 알려주고 있었다. 새로운 단어가 나오면 발음이나 의미를 해설하고 문법까지 모두 설명했다. 짝 활동 등을 통해 학생이 능동적으로 학습하는 듯 보였지만 어디까지나 교사가 쳐놓은 울타리 안에서 뛰어다니기만 했던 것이다.

연수 후에 케임브리지 거리를 하염없이 걸었다. 맑고 푸른 하늘이 배경이 되어 역사적인 조형물을 도드라지게 받쳐주고 있었다. 머릿속에는 하나의 광경이 떠올랐다. 동일본대지진으로 무너진 건물들이었다. 지나치게 많이 가르치면 학생은 자립하지 못한다는 지적이 피해 지역에서 얻은 슬픔과 서서히 교차했다. 지금까지 나를 뒤덮고 있던 안개는 높은 하늘로 빨려올라갔다.

내 수업에는 학생의 자립을 돕고자 하는 목적의식이 빠져 있음을 깨달았다. 학생들을 믿고 학생들에게 맡기며, 실패를 반복하면서 해결 방법을 찾아내는 힘을 키워주어야겠다고 다짐했다. 케임브리지에서 겪은 쓰디쓴 실패를 통해, 학생들이 실패를 경험하지도 못한 채 학교를 졸업하고 사회에 나가는 것은 교사들의 무책임 탓이라는 교훈을 얻었다.

실패를 통한 자립 응원하기

2011년을 기점으로 내 수업 방식은 크게 달라졌다. 전에는 학생이 실패하면 영어를 멀리하게 되지 않을까 하는 두려움 때문에 학생에게 실패감을 안겨주어서는 안 되며 모든 것을 가르치고 나서 활동에 임하도록 해야 한다고 믿었다.

교과서 한 페이지를 소리 내어 읽는 활동을 예로 들어보겠다. 2011년 전에는 교과서를 열기 전에 그림을 사용해 내용을 알기 쉽게 영어로 설명했다. 오럴 인트로덕션(Oral Introduction)이라는 이 방법은 많은 영어 교사가 사용하고 있었다. 게다가 새로 나온 단어를 카드로 보여주고 발음이나 의미를 설명했다. 그리고 문장을 하나하나 먼저 읽어주었다. 이 모든 도입 과정을 거친 후에야 비로소 스스로 소리 내어 읽도록 시켰다.

지금은 다르다. 학생들에게 읽기 훈련을 시키고 싶으면 우선 학생들에게 소리 내어 읽어보라고 한다. 단, 짝 활동이나 모둠 활동으로 서로의 발음을 들으면서 진행한다. 이 과정에서 틀림없이 학생은 실패한다. 모든 단어를 완벽하게 발음하기는 쉽지 않다. 새로 나오는 단어라면 발음을 상상하면서 읽어야 한다. 게다가 짝 활동이나 모둠 활동이기 때문에 틀린 발음이 상대의 귀에 들어간다.

두 수업 방식에 나타나는 커다란 차이를 눈치챘는지 모르겠다. 영어는 새로 배우는 언어인 만큼 처음으로 발음하는 단어가 올바르지 않는 게 당연하다. 직접 도전해서 실패(틀린 발음)하고 수정해가는 힘을 기르는 것이 자립이다. 내 수업에서는 제1장에서 서술한 것처럼 'enjoy making mistakes'라는 규칙이 있으므로 발음이 틀려도 웃고 넘어간다. 그런 후에 CD를 사용해 올바른 영어 발음을 들려주면 학생들은 갑자기 진지해지며 자신의 발음을 수정하려고 집중적으로 연습한다.

이 실패를 수정하는 활동은 가정에서 영어를 학습할 때도 유용하다. 집에는 "Repeat after me."라고 말해주는 선생님이 없다. 스스로 발음하고 CD를 들으며 수정해야 한다. 부모가 세심하게 가르쳐주면 가정에서도 자습력을 기르지 못한다.

일본인은 영어 발음이 틀릴까봐 두려워서 좀처럼 영어를 입 밖으로 내지 못한다고 한다. 그러나 우리 반 학생들 입에서는 영어가 먼저 튀어나온다. 발음이나 문법 오류는 다소 있더라도 의도한 말을 온전히 전한다. 물론 발음이나 문법 오류를 무시해도 좋다는 말은 아니다. 그러나 틀리더라도 의욕적으로 전하려는 태도가 학습자의 자립에 필요하다.

언젠가는 영어를 사용해 중요한 말을 정확히 전할 때가 올 것임을 학생들에게 알려준다. 영어로 연애편지를 쓸지도 모르고 국제연합에서 연설을 할지도 모른다. 발음이나 문법에 실수를 범하면 올바르게 전달되지 못할 가능성도 있다. 수업 시간에 범하는 실수는 성공을 위한 과정이라 받아들인 후에 발음이나 문법을 익히는 훈련이 필요하다.

교육자의 자세

도시에서 일하는 사람들에게는 시간에 쫓기며 직진하는 '직선적 시간'이 흐르고 있다고들 한다. 직선적 시간 안에서는 실패를 용납하지 않는다. 다시 시작할 기회는 얻지 못한 채 시간만 앞으로 흘러간다.

학교에도 언제부터인지 이 직선적 시간이 흐르는 느낌이다. 정기 고사나 행사를 중심으로 그 사이사이에 계획들이 꽉 들어차 있다. 하나의 시험이 끝나면 바로 다음 시험이 대기하므로 실패해도 수정할 시간적 여유가 없다. 교사도 복습할 여유를 갖지 못하고 다음 시험을 위해 곧바로 수업에 돌입한다.

이 직선적 시간에 반대되는 개념으로 철학자 우치야마 다카시(内山 節) 씨는 순환적 시간이 있음을 주장했다. 2015년 3월 30일에 릿쿄(立教) 대학교에서 우치야마 씨의 마지막 강의를 청강하면서 학교에도 순환적 시간이 필요하다고 느꼈다.

순환하는 시간을 통해서는 수정이 가능하다. 실패를 새로 고칠 여유도 생긴다. 학생들은 중학교 3년과 고등학교 3년이라는 긴 시간 동안 각자의 속도로 학습하면 되는 것이다. 정기 고사라는 짧은 단위로 토막 내고 이제 막 성장하려는 학생을 억지로 평가해서 얻는 것은 무엇인가? 줄기차게 이어지는 시험 때문에 실패를 분명히 바로잡고 새로 다질 시간도 충분하지 않다.

요령 좋게 단기간에 주어진 범위를 이해하고 시험에서 좋은 점수를 얻는 기술을 습득하는 것도 의미는 있다. 그러나 학생의 10년 후, 20년 후를 그려보면 짧은 단위에 얼마나 지식을 머릿속에 저장했는지 측정하는 것은 그다지 의미가 없어 보인다. 기존의 지식은 인터넷으로 간단히 얻을 수 있다. 앞으로는 이미 있는 지식을 활용해서 새로운 지혜를 생산하는 능력이 훨씬 중요해진다.

하나의 과제에 도전해서 실패해도 순환적 시간 안에서는 여러 번 재도전할 수 있다. 실패를 인정하고 몇 번이고 재도전하면서 3년, 6년이라는 긴 호흡을 통해 습득한 것들을 평가해야 한다.

내 수업에서는 날마다 아이들이 안심하고 몇 번이고 틀리면서 공부할 수 있기를 바란다. 인간은 누구나 실패한다는 진리를 학생들이 사회에 나가기 전에 깨닫고 경험해야 한다. 일단 사회에 발을 딛으면 지금으로서는 상상도 할 수 없는 큰 변화를 맞을 것이다. 훨씬 다양해지고 국제화된 사회에서 도전과 실패를 발판으로 강인하게 살아갈 힘이 필요해질 것이다. 마음 놓고 실패할 수 있는 학교라는 환경 안에서 그 힘을 길러내야 한다.

가정이나 직장에서도 시험이나 기획서 작성 등 짧은 단위에만 초점을 맞추지 말고 장기적인 시각으로 계획을 짜야 한다. 마음껏 도전하도록 격려하며 실패하더라도 실패를 인정하고 극복하도록 여유를 주어야 한다. 자신의 관점이 실패를 허용하지 않는 직선적 시간에 휘둘리고 있지는 않은지, 한 번 더 돌아보기 바란다.

가르치지 않는 수업의 출발점은 일본의 데라코야

제1장에서 밝힌 바와 같이 문부성에서는 액티브 러닝이라는 용어를 쓰며 학생이 능동적으로 배우는 것이 중요함을 표면적으로 드러내기 시작했다. 지금까지 교사들 대부분이 적용해온 강의식 수업을 부정하는 면도 있기에 당혹감을 감추지 못하는 교사도 많다. 더욱이 액티브 러닝이라는 낯선 표현 때문에 미지의 세계에 대한 공포마저 느끼는 선생님도 있다.

사실 일본에서 강의식 수업의 역사는 짧다. 에도 시대에 널리 행해지던 데라코야(寺子屋)[1] 교육은 교사가 일방적으로 지도하는 강의식 수업이 아니라 액티브 러닝 방식이었다. 생도들이 다른 학년과 짝이나 모둠을 지어 배웠기 때문이다.

에도 시대 교육에 관해 자세히 아는 도시샤(同志社) 대학교 오키타 유쿠지(沖田行司)[2] 교수에 따르면, 데라코야에서는 한꺼번에 모두에게 수업을 하는 형태가 아니었기에 학급 인원이 늘어도 한 명 한 명의 발달에 맞춘 지도가 가능했다고 한다. 또 책상 배치를 달리해 먼저 진급한 생도가 늦는 생도를 지도하거나 생도들의 작품을 벽에 전시해 서로 평가를 주고받았다고도 한다. 이것은 가르치지 않는 수업에서 볼 수 있는 짝 활동이나 모둠 활동의

---

1) 조선 시대 서당에 해당한다.
2) 문화사학 박사. 도시샤 대학교 교육문화학과 졸업 후 동대학원 문학연구과 박사과정 수료. 일본교육문화사 및 일본사상사 전공.

미래상과 일치한다. 다른 학년끼리 한 교실에서 배우는 수업 방식은 네덜란드와 같은 선진국에서 일반적으로 적용하고 있으며 만족도도 높다.

데라코야를 묘사한 니시키에(錦絵)[3]인 『문학 만대의 보물』은 도쿄 도립 중앙도서관에 소장되어 있다. 나는 어떻게 해서든 이 판화를 직접 보고자 중앙도서관을 방문했다(현재 일반에는 공개되지 않는다.).

이 니시키에에는 아이들의 무한한 가능성이 그려져 있다. 습자를 하는 생도, 인형 같은 물건을 손에 들고 있는 생도, 서로 겨루기를 하는 생도, ……. 당장에라도 튀어나올 것 같은 아이들에게서 시선을 떼기가 힘들다. 그리고 모든 아이들에게서 공통으로 발견한 것, 그것은 모두 즐거워하는 표정이었다. 밝고 긍정적인 분위기가 고스란히 전해졌다.

나는 일본인 특유의 남을 존중하고 배려하는 마음은 이 데라코야에서 길러진 것이 아닌가 싶다. 메이지 시대부터 근대 교육 제도 도입으로 실시한 강의형 주입식 교육의 역사는 데라코야의 역사에 비하면 짧다.

이처럼 액티브 러닝이라는 명칭은 새롭지만 액티브 러닝 활동 자체는 결코 새로운 방식이 아니다.

---

3) 그림을 여러 가지 색으로 인쇄한 에도 시대 목판 풍속화.

제**4**장

가르치지 않는 수업은
대학교 입시 제도에 부합하는가?

학생들이 가르치지 않는 수업을 통해 활기차게 학습한다 해도 대학교 입시 제도에 부합하지 않으면 가르치지 않는 수업은 그저 이상론에 불과하다. 대학교 입시 제도가 개혁의 움직임을 보이는 시점에서 이 변화에 대응하는 길을 찾아야 한다.

가르치지 않는 수업에서는 진로 지도를 할 때에도 학생이 주체적으로 생각할 수 있도록 계기를 마련한다. 이 장에서는 학생들의 꿈을 통해 가르치지 않는 수업과 대학교 입시 제도의 연관성을 함께 짚어보고자 한다.

문부성은 무엇을 꾀하는가?

학교에서 교육의 방향성을 논의할 때는 대학교 입시 제도의 변화가 크게 영향을 미친다. 입시 제도가 바뀌면 이에 맞추어 교과 과정을 짜야 한다는 선생님이 대부분이다. 그렇기 때문에 입시 제도가 바뀌는지 여부에 교사가 민감할 수밖에 없다. 이 말은 뒤집어 생각하면, 입시 제도가 바뀌지 않으면 지금까지 하던 방식대로 해도 상관없거나 아무 변화를 일으키지 않아도 된다는 뜻이기도 하다. 실제로 입시 제도가 그대로 유지되기를 바라는 교사가 적지 않을 줄로 안다.

그러나 대학교 입시 제도가 바뀌지 않아도 분명 바뀌는 것이 있다. 바로 IoT(Internet of Things)[1]나 인공 지능 발달과 함께 움직이는 사회 및 직업 형태. 과거와 달리 사회 변화에 촉각을 곤두세우고 있는 문부성은 이를 어떻게 인식하고 있을까? 정부의 교육재생실행회의[2] 제7차 제언(2015년 5월 14일)에서는 다음과 같이 언급했다. 조금 길지만 그대로 인용한다.

> 현대 사회는 정보 통신 기술 발달을 배경으로, 규격화한 제품의 대량 생산·소비가 성장을 지탱하던 공업 중심의 시대에서 한 걸음 더 나아가 고도의 정보·지식에 기초한 다양하고 부가 가치 높은 제품 및 서비스가 성장을 보좌하는 시대다. 인터넷의 출현은 인간의 지식 창조와 소통 방법에 혁

---

1) 사물 인터넷. 사물에 유·무선 센서를 연결해 정보를 네트워크로 공유하는 기술 및 환경.
2) 제2차 아베 내각에서 교육 제언을 위해 2013년 1월에 발족한 사적 자문 기관. 자민당 내부 기관인 교육재생실행본부와는 전혀 관계가 없다.

신적인 진보를 가져왔으며 이후에는 주변의 모든 것이 네트워크로 연결되고 그것들이 자율적·분산적으로 정보를 처리하고 교환함으로써 새로운 서비스와 가치를 창출하리라 예측된다. 이에 덧붙여 앞으로 컴퓨터의 성능이 비약적으로 발전하고 가까운 미래에는 다양한 노동을 기계가 대신할 뿐만 아니라 두뇌 노동의 일부가 인공 지능으로 대체되거나 고도의 두뇌 노동에 필요한 인공 지능이 인간의 파트너가 되는 시대가 오리라 추측된다. 2045년에는 컴퓨터의 능력이 인간의 능력을 능가하는 기술적인 전환점을 맞으리라는 예측도 있어 인간의 직업이나 생활에 현재의 상식을 능가하는 변화가 도래할 것이다. 특히 경제 활동을 하는 데 있어 국경은 앞으로 더욱 무의미해지고 국내에서 직업을 갖고 생활을 하더라도 세계화의 파도가 한 명 한 명에게 닥칠 것이다. 이런 사회 변화의 한가운데서 살아남기 위해서는 인간이 갖추어야 할 능력도 지속적으로 진화해야 하며 교육의 질도 향상되어야 한다. 개인마다 다른 재능에 맞추어 다각도로 교육을 제공할 필요가 있다.

이런 생각은 경제계의 관측과도 일치한다. 경제동우회[3]가 2015년 4월 2일에 발표한 '미래 기업·사회가 요구하는 인재상과

---

3) 일본 기업 경영인 연합. 일본경제단체연합회, 일본상공회의소와 함께 경제 3대 단체에 속한다.

대학에 거는 기대: 개인의 자질 능력을 높이고 조직을 활성화하는 경쟁력 강화'에도 거의 같은 내용이 실려 있다.

직장에 다니는 지인들의 말을 들어보아도 다들 같은 문제의식을 갖고 있었다. 이런 사회 변화에 가장 둔감한 직업군은 유감스럽게도 학교 선생님이다. 명문대 진학 고교에서는 학생을 대학교에 합격시키는 것이 최대 관심사다. 그렇기 때문에 사회 변화보다 대학교 입시 제도 변화에 관심이 쏠린다. "어차피 이번에도 입시는 바뀌지 않는다."라는 목소리도 들린다.

그러나 아무리 대학교 입시 제도가 그대로여도 교육 방식은 사회 변화에 맞추어야 한다. 대학교 입시 제도가 바뀌지 않으니 학교 교육도 현행 방법을 유지해도 좋다는 생각은 교사로서 너무 무책임하지 않은가?

10년 후, 20년 후에 사회에 발을 내딛고서 상처 입는 사람은 학생이다. 대학교 입시는 첫 관문에 불과하다. 고등학교에서 자율적으로 학습하는 능력을 습득하지 않으면 대학교에 가서도 능동적으로 공부하기 어렵다. 자립한 학습자가 대학교 교육을 통해 전문성을 습득한 후에야말로 사회인으로서 당당하게 설 수 있다.

문부성에서 액티브 러닝을 도입하자고 운을 떼었음에도, 기존에 가르치던 방식을 고수하려는 교사들 중에는 아예 귀를 닫아버리는 사람도 있을 것이다. 문부성에서는 이를 막기 위해 대학교 입시 제도와 동시에 교육 방식도 개혁하려는 것이다.

그렇다면 대학교 입시 제도는 어떻게 바뀔까?

문부성에서 실시하는 '고대 접속 시스템 개혁 회의 - 중간 보고 (2015년 9월15일)'에서는 다음과 같이 공표했다.

> 고대 접속 시스템의 개혁은 고등학교 및 대학교 교육 개혁, 대학교 입학자 선발 개혁을 시스템화하여 일관된 이념하에 동시에 실시하는 개혁이다. 전체적인 개혁을 통해 개개인의 살아가는 힘과 뚜렷한 학습 능력을 육성해야 한다.

> 이번 고대 접속 시스템의 개혁은 미래를 향해 일본의 과거 교육 방법을 근본적으로 혁신하려는 것이다. 그 실현을 위해서는 극복해야 할 과제가 많으므로 한 번에 실현하기는 어렵다.

쉽게 풀이하자면, 문부성에서는 고등학교 교육과 대학교 입시, 대학교 교육을 한꺼번에 개혁하려 하는데, 기존의 속도보다 훨씬 빠른 전례 없는 개혁이 될 것이며, 대단히 어려운 개혁이 될 것이라는 말이다.

바꾸어 말하면 급격하게 변하는 사회에 대응할 수 있는 인재를 육성하기 위해서는 대학교 입시 제도를 바꾸어야 할 정도로 일본의 교육이 궁지에 몰렸다고도 할 수 있다. '고대 접속 시스템 개혁 회의-최종 보고(2016년 3월 31일)'에서는 다음과 같이 개혁의 중요성을 토로하고 있다.

일본과 세계가 커다란 전환기를 맞이한 작금에 이 교육 개혁은 막부 시대 말기부터 메이지 시대에 걸친 교육 변혁에 필적하는 대대적인 개혁이며, 이 개혁이 성공할지 여부가 일본의 운명을 좌우한다 해도 과언이 아니다.

대학교 입시 제도가 바뀌어야 수업 방식도 바뀐다고들 한다. 모든 교사와 부모는 앞으로 다가올 대학교 입시 제도 변화를 받아들이고 대응할 수밖에 없는 것이 현실이다.

대학교 입시 제도의 변화

그렇다면 대학교 입시 제도가 구체적으로 어떻게 바뀌는지 살펴보자.

2019년도부터는 고등학생 전원을 대상으로 '고등학교 기초 학력 테스트(가칭)'라는 시험이 도입될 것이다. 2020년도에는 대학교 입시의 필수 관문인 센터시험을 폐지하는 대신 '대학교 입학 희망자 학력 평가(가칭)'를 새로 실시할 예정이다. 이 시험은 '사고력·판단력·표현력' 위주의 평가인데, 현행 교과·과목의 틀을 넘어선 '통합 교과·과목형', '종합형' 문제를 출제하며 필기시험 외에 수행 평가 및 포트폴리오 평가 등도 개발 중이다. 또 답변 방식은 다지 선다식과 서술식을 섞어 객관성에 의존한 '1점 단위'의 평가에서 탈피해 성적을 단계별로 표시해 제공하겠다고 한다.(2014년 12월 22일

'새로운 시대에 부합하는 고대 접속 실현을 향한 고등학교 교육, 대학교 입학자 선발의 일체적 개혁에 관해')

지금까지 센터시험을 비롯한 일본의 대학교 입시에서는 하나뿐인 정답을 얼마만큼 맞히느냐로 합격·불합격을 결정했다. 이런 제도에는 입시 학원처럼 다수를 수용할 수 있는 교실에서 효과적으로 지식을 암기하도록 가르치는 수업 방식이 효과적이다. 얼마나 귀에 쏙쏙 들어가는 암기법으로 입시에서 득점하도록 훈련하는가가 입시 학원이 내세우는 강점이었다.

그러나 이번 계획에서는 바뀌는 시험 제도를 통해 학습 지도 요령에 나타난 '학력의 세 요소'를 아우르면서 다면적·종합적으로 평가하겠다는 의지가 보인다. 학력의 세 요소는 다음과 같다.

① 기초적 · 기본적 지식 및 기능
② 지식 및 기능을 활용해 과제를 해결하는 데 필요한 사고력 · 판단력 · 표현력 등
③ 주체적으로 학습에 임하는 태도

'고등학교 기초 학력 테스트(가칭)'에서는 고등학교에서 습득해야 할 기초적인 학력을 갖추었는가를 측정한다. 기초 학력이란 사회에서 자립하고 사회에 참여·공헌하기 위해 필요한 능력이다. 그러므로 얼마나 많이 암기하고 있는가와 같은 지식의 양을 묻는 것이 아니라 그 활용 방법을 물어야 하는 것이다.

'대학교 입학 희망자 학력 평가(가칭)'에서는 대학교 입학 단계에서 요구되는 사고력·판단력·표현력을 주로 측정한다. 특히 스스로 문제를 발견하고 이 문제에서 여러 답 중 하나를 도출하는 능력을 중시하겠다고 한다. 수험생은 답이 하나가 아닌 문제에 논리를 세워 자기 생각을 표현해야 한다.

두 시험에서 점수를 얻는 열쇠는 앞서 말한 학력의 세 요소로서, 이 세 요소를 적절하게 평가하는 시험 문제가 개발 단계에 있다. 지금까지의 입시에서 자주 출제되었던 선택 문제나 공란 채우기처럼 지식 축적 정도를 가늠하는 출제 방식은 줄어드는 대신 사고력·판단력·표현력을 평가하는 서술형 문제가 늘어날 것이라고 본다.

그러나 많은 수험생을 공정하게 채점해야 하므로 시험 문제 개발이 녹록지는 않을 것이다. 언젠가는 컴퓨터를 앞에 두고 시험을 치르는 CBT(Computer Based Testing) 방식도 적용될지도 모른다.

'고등학교 기초 학력 테스트(가칭)'와 '대학교 입학 희망자 학력 평가(가칭)'라는 두 가지 시험 모두 커다란 변혁인 만큼 일정이 촉박하다는 지적도 있어 실시 여부가 여전히 불투명하기는 하다.

그러나 사회는 시시각각 변화한다. 이 대학교 입시 제도 개혁이 사회 변화에 대응하는 불가피한 과정이라면, 아이들을 키우는 학교와 가정에서는 미리 대응해야 할 것이다.

주도적인 학습과 대학교 선택

달라지는 대학교 입시 제도에 대응하려면 "어느 수준의 대학교에 들어가는가?"라는 목표는 "무엇을 배우고 장래에 전공을 어떻게 살려 사회에 이바지하고 싶은가?"라는 비전으로 바뀌어야 한다. 그렇다면 필기시험을 통해 나온 편차치를 기준으로 대학교를 결정하는 방식이나 모의고사 결과에 좌우되는 진로 지도는 사라지지 않을까? 나는 예전부터 모의고사 결과에 의존하여 학생의 배우고자 하는 욕구를 무시한 채 들어가기 쉬운 대학교를 선택하는 지도 방법에 의문을 가져왔다.

본교에서 여러 해 동안 학년 주임과 진로 지도를 하다가 2015년에 퇴직하신 시부야 도시유키(渋谷敏之, 당시 지리역사 교사) 선생님은 "모의고사로 합격·불합격을 판단하기 전에 학생이 무엇을 공부하고 싶은지 눈여겨보아야 한다."라고 강조하셨다. 본교에서는 편차치에 의존하지 않는 뚝심 있는 진로 지도가 실시되었다고 확신한다.

고등학교 2학년 학생과 진로 상담을 하다 보면 모의고사 등의 결과에 어깨를 축 늘어뜨리는 학생이 있다. "지금 편차치로 어느 대학교에 갈 수 있어요?", "제 성적으로 추천하실 만한 대학교는 있나요?"라는 질문도 적지 않다. 나는 제자들 입에서 이런 질문이 나올 때마다 답답함을 느낀다. 시험 결과는 학생이 가진 모든 능력을 평가한 것이 아니다. 학생이 소유한 능력의 빙산의 일각에 지나지 않으니 시험 점수에 휘둘리면서 괴로워할 필요는 없다.

그렇다고 해도 시험 점수는 학생에게나 부모에게나 분명 고민거리다. 나는 어떻게 하면 모의고사 결과에 좌우되지 않고 미래와 연결하는 진로 선택을 할 수 있을지 고민하던 중, 본교 졸업생인 사이쇼 아쓰요시(税所 篤快) 씨와 다하라 마사토(田原真人) 씨를 만났다. 두 사람의 공통점은 현재 사회에 혁신을 일으킬 만한 사업을 독자적으로 운영한다는 점과 고교 시절 공부 때문에 고생 좀 했다는 점이다.

사이쇼 씨에 관한 기사를 소개하겠다.

> 지금 일본인 한 명이 방글라데시 등 신흥 국가에서 교육 혁명을 일으키고 있다. 바로 사이쇼 아쓰요시 씨다. 그는 영상을 사용해 개발 도상국 및 신흥 국가에 교육 혁명을 일으키는 e-Education 프로젝트를 연구·개발하고 있다. 방글라데시 농촌의 빈곤층에 영상으로 수업을 제공해 '방글라데시의 도쿄 대학'이라 불리는 다카 대학교 합격자를 배출했다.
>
> 동양경제온라인 2013년 7월 12일

사이쇼 씨는 현재 런던 대학원에 다니면서 아프리카 동북부의 소말릴란드에 대학원 짓기 프로젝트를 진행 중이다.

세계적으로 활약하는 사이쇼 씨이지만 고등학교 재학 시절에는 성적이 좋지 않았다. 3학년 때는 편차치가 28까지 떨어져 선생님한테 "네가 갈 학교는 없다."라는 말까지 들었다고 한다. 달리 방법이 없어 유명 입시 학원의 동영상 강의를 듣기 시작했고, 보란

듯이 와세다 대학교 교육학부에 진학했다. 이때 경험이 교육 부족 국가에 영상으로 수업을 전하는 활동으로 이어진 것이다.

다하라 씨는 인터넷을 이용해 학습하는 거꾸로 교실을 만들어 물리 강사로서 온라인으로 강의하고 있다. 그러나 고등학교 때는 이과에 취약했다고 한다. "이론물리학자가 되고 싶다는 꿈을 갖고 고등학교에 들어갔지만 학습 의욕을 잃었고 성적은 바닥을 기었다(고등학교 2학년 소식지)." 그러나 현재는 물리 강사로서 신개념 교육을 실천하고 있다.

모의고사 등의 시험 성적은 학생들이 복습하고 배움의 깊이를 더하는 데 참고가 될지는 몰라도 학생의 인생 전체를 판단해버리기엔 지나치게 근시안적 도구라 생각한다. 가정에서는 부모로서 자녀의 시험 성적에 따라 웃고 울기를 자제하고 자녀가 하고 싶은 것이 무엇인지 함께 모색하면서 성장을 느긋하게 지켜보겠다는 각오가 필요하지 않을까?

드림 시트 활용법

그러면 하고 싶은 일을 어떻게 찾을 수 있을까? 고등학교 2학년이 되어서도 가고 싶은 대학교나 학부가 없다면서 괴로워하는 학생이 많다. 학교마다 실시하는 진로 희망 조사에는 희망 대학교나 학부, 장래 직업 등을 기입한다. 그러나 자신감을 갖고 적어넣을 수 있는 2학년 학생은 실상 많지 않다. 나도 그 시기에 미래에 대한 비전 따위는 없었다.

무엇을 하고 싶은지 방황하는 아이에게 교사나 부모가 "너는 꿈도 없냐?"고 핀잔을 준다면 아이는 장래의 비전을 갖지 못하는 것이 죄인 양 움츠러든다. 그러나 구체적인 목표가 없으면 어떤가? 심란해할 필요가 전혀 없다. 지금 좋아하는 일이 장래에 어떤 식으로 이어질지 생각할 기회를 제공하는 것이야말로 교사나 부모의 역할이라 생각한다.

그런 이유에서 만든 것이 바로 드림 시트(dream sheet)다(권두 사진 7쪽 아래).

이 시트에는 자신의 관심 항목을 가능한 한 많이 적어넣는다. 좋아하는 것이 많을수록 미래의 가능성도 넓어진다. 이 시트 안에서 구체적인 목표나 꿈을 발견할 수 있을지도 모른다. 지금 좋아하는 것을 얼마나 많이 경험하는가가 미래의 비전을 그리는 첫걸음이다.

가르치지 않는 수업과 대학교 입시

가르치지 않는 수업에서는 답이 하나가 아닌 문제의 답을 발견하는 능력을 키울 수 있다. 다가올 새로운 대학교 입시 제도에서 요구하는 이 능력은 현행 입시 제도에서도 효과를 보고 있다.

동료인 산토 선생님은 고등학교 3학년 학생들을 여러 차례 지도하면서 명문 대학교에 합격하는 학생들에게서 두 가지 공통점을 발견했다고 한다.

1. 학생이 스스로 자율적인 학습을 한다(과제나 숙제뿐 아니라 공부
   할 내용을 스스로 정해놓는다.).
2. 대학교에서 배우고 싶은 내용을 구체적으로 그린다.

이것은 부탄 아이들이 주체적인 학습에서 보인 강인함과 일치
하는 부분이다(제2장 산토 선생님의 칼럼 참조). "스스로 결정하겠다
는 각오와 정신력이 학생에게 얼마나 중요한지 깨달았다."라고 한
선생님은 이 깨달음을 기본 원칙으로 수업 방식을 개선해왔다고
한다. 그 결과 가르치지 않는 수업은 입시에도 긍정적인 영향을 주
기 시작했다. 산토 선생님은 수업을 돌아보며 말한다.

과거 내 수업에 비해 설명하는 시간이 반 이상 줄었음에도
대학교 진학 실적과 센터시험의 학교 평균 점수, 모의고사 결
과는 훨씬 좋아졌다. 더욱 큰 성과는 평균 점수가 높아졌고
성적 부진아가 사라진 점이다.

평균 점수가 높아지고 성적 부진아가 사라지는 것이 바로 가르
치지 않는 수업의 특징이다.
실제로 산토 선생님이 가르치는 반에서는 2016년 센터시험 결과
생물 과목 평균 점수가 78점이었다. 이것은 전국 평균 63.6점을 크
게 웃돈다. 전국 평균 점수를 크게 밑도는 학생이 없어졌다는 것

도 큰 성과다.

나는 센터시험 일주일 전에 학생들에게 수업을 어떻게 이끌어가고 싶은지 물어본다. 센터시험 실전 대비 태세에 돌입할 것인지 마지막까지 가르치지 않는 수업 방식으로 실험을 할 것인지 말이다. 후자를 택한 학생은 입시에서도 성공하는 반면 필사적으로 실전에 대비했던 학생 대부분은 입시에서도 기대 이하의 결과를 얻는다.

이렇듯 마지막까지 능동적으로 교과의 본질을 익히는 학생들은 입시에 대응하는 능력도 자연스레 익힌다. 가르치지 않는 수업을 통해 익힌 주체성은 시험공부에서도 빛을 발한다는 것을 산토 선생님이 증명한 것이다.

영어 역시 가르치지 않는 수업 덕분에 능력이 향상되었다. 내가 담임을 맡은 반 학생들은 고등학교 2학년 3월(2015년)에 치른 GTEC for Students(학교 단위로 시험을 보며, 말하기를 제외한 세 가지 기능을 측정함.)에서 평균 582.8점을 취득했다. 이 점수를 센터시험 영어 점수로 환산하면 80% 득점률에 해당한다(베네세 홈페이지 'GTEC 취득 점수와 센터시험 영어 득점률' 도표 참고). 게다가 이 점수는 본교가 중·고등학교 통합교로 전환하기 전 2010년도 졸업생이 고2였을 때의 평균 518.8점, 전환한 후 2012년도 졸업생이 고2였을 때의 평균 563.5점을 웃돈다. 내가 맡고 있는 학년이 입시에

도전하는 2017년이 기대된다(아래 그래프).

GTEC for Students 총점 추이

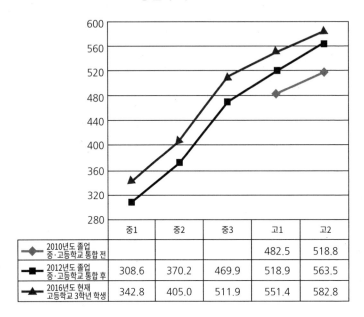

	중1	중2	중3	고1	고2
2010년도 졸업 중·고등학교 통합 전				482.5	518.8
2012년도 졸업 중·고등학교 통합 후	308.6	370.2	469.9	518.9	563.5
2016년도 현재 고등학교 3학년 학생	342.8	405.0	511.9	551.4	582.8

입시 학원의 수업 방식 변화

대학교 입시 제도 개혁을 눈앞에 두고 강의형 주입식 교육의 대명사였던 입시 학원에도 큰 변화가 보이기 시작했다. '제트카이(Z 会) 도쿄 대학 개별 지도 교실 플레이아데스'[4] 에서는 "도쿄 대학

---

4) 도쿄 대학교에 입학하고자 하는 고등학생 및 수험생을 대상으로 도쿄 대학교 재학생들이
   1:1 맞춤형 지도를 하는 입시 교실.

120

교 재학생과 액티브 러닝을 하자!"라는 이벤트를 실시하는 등 적극적으로 액티브 러닝 방법을 도입하고 있다. 2015년 10월 17일에 실시된 이벤트에서는 도쿄 대학생 강사가 액티브 러닝 방식의 수업을 진행했다. '영어로 모모타로 이야기 만들기'라는 주제로 두 모둠으로 나누어 아이디어를 모아 「모모타로 이야기」를 완성하는 것이다. 단지 이야기의 내용을 영어로 고치는 것뿐만 아니라 약간의 창의성을 발휘해 몸동작을 섞어가며 연기하는 장면도 있다. 영어 실력뿐만 아니라 응용력이나 의사 표현 능력도 필요하다. 사고력을 풍부하게 활용하는 이 방식은 강의식 수업에서는 보지 못한 수업 방식이다. 이런 수업은 입시 학원이나 보습 학원에서 앞으로 더욱 폭넓게 쓰일 것이다.

입시 학원 강사들 중에도 이미 액티브 러닝 방식을 도입한 선생님이 있다. 카리스마 있는 영어 교사로서 인기를 모으고 있는 도신(東進) 하이스쿨 입시 학원의 야스코우치 데쓰야(安河内 哲也) 선생님도 그중 한 명이다. 야스코우치 선생님은 토론이나 토의 등 '말하기' 활동을 중심으로 수업을 진행한다. "일본 고등학생은 모두 해외에 유학을 가야 하는가?"와 같이 답이 바로 나오지 않는 질문을 던지고 영어로 논의하면서 수업을 진행한다. 학생이 많은 교실에서도 회화가 끊이지 않는 활기찬 분위기를 이끈다. "최근 몇 년 동안 분필을 들지 않았다."라는 선생님 말씀이 인상적이었다.

이 방법은 현행 입시에서도 큰 성과를 올리고 있다고 한다. 학생이 능동적으로 배우면 영어의 네 기능(듣기, 말하기, 읽기, 쓰기)

을 종합적으로 향상하고 어떤 영어 시험에서건 높은 점수를 얻을 수 있다.

학교나 입시 학원 교육자들은 지금까지 칠판에 필기를 하면서 알기 쉽게 강의해야 시험공부로서 최고의 효율을 올린다고 믿어왔다. 그러나 지식을 정착시키고 시험에 대비하는 데도 액티브 러닝은 뛰어난 지도법이라고 할 수 있다.

시험을 함께 준비하는 부모의 역할

사회 변화에 발맞추어 대학교 입시 제도도 크게 달라지고 있는 현상에 대해 충분히 이해했으리라 본다. 이들 변화에는 부모도 민감해져야 한다. 자녀 교육을 가르치지 않는 수업의 관점에서 되짚어보기 바란다.

수업을 참관하러 학교에 가면 어떤 시점으로 수업을 지켜보는가?

조용한 교실에서 선생님이 알기 쉬운 강의를 이어가고 학생은 필사적으로 칠판에 적힌 내용을 노트에 옮겨적는 수업을 어떻게 평가하는가? "선생님 설명을 이해하기 쉽다.", "학생이 조용히 정숙하게 수업을 듣고 있다."라는 식의 긍정적인 인상을 받을지도 모른다. 부정적인 느낌이라고 해도 "좀 더 활기가 있으면 좋겠다.", "학생이 좀 더 적극적으로 발언하면 좋겠다."라는 정도가 아닐까?

그러나 이런 수업 방식으로는 스스로 생각하고 친구와 협동하면서 좀 더 나은 답을 도출하기 힘들다. 지금까지 부모들이 경험한 '훌륭한 수업'의 이미지를 깨뜨려야 할지도 모른다.

그럼 수업을 참관할 때 어떤 관점으로 바라보아야 할까?

우선 학습 지도 요령에 나타난 '학력의 세 요소'를 참고하면 좋을 것이다.

① 기초적 · 기본적 지식 및 기능
② 지식 및 기능을 활용해 과제를 해결하는 데 필요한 사고력
   · 판단력 · 표현력 등
③ 주체적으로 학습에 임하는 태도

①의 능력은 강의식 수업에서도 습득할 수 있다. 그런데 ②와 ③의 능력은 향상될까? 학교에서 전체적인 수업 분위기를 훑어보고 학력의 세 요소를 키울 수 있는 수업인지 판단하려는 자세가 필요하다. 더군다나 ②와 ③을 기르기 위해서는 협동심이 필수다. 학력의 세 요소를 협력하며 키우는 수업이 이상적이다.

만일 수업을 참관했는데, 자녀가 다니는 학교에서는 전체적으로 학력의 세 요소를 기르기에 부족하다거나 '스스로 생각하고 친구와 협력하면서 좀 더 나은 답을 도출하는 경험'이 충분하지 않다고 느꼈다면 가정에서 피드백을 해주어야 한다. 액티브 러닝형 보습 학원이나 입시 학원에 다니게 하는 방법도 좋지만 가장 중요한 것은 부모와 자녀가 함께 배우는 시간을 갖는 것이다.

구체적으로 가족이 외출할 때 '질문'을 만들어보기를 권한다.

박물관이나 미술관은 배움의 소재로 가득한 보물 창고다.

부모와 자녀가 함께 미술관에 간다고 가정하자. 2015년에 도쿄 도미술관에서 열린 모네전을 예로 들어보겠다. 우선 전시회 홈페이지에서 다양한 정보를 얻을 수 있다. 외출하기 전에 "인상파라 불리는 그림에는 어떤 특징이 있을까?" 하고 질문을 던지면 자녀는 그림을 보면서 인상파의 특징을 찾아내려 할 것이다. 모네가 만년에 백내장을 앓았다는 사실을 미리 알아두면 "눈이 나쁜데 그림에서 손을 떼지 않은 이유는 뭘까?", "젊을 때랑 시력이 달라졌는데 그림에는 어떻게 표현되었을까?" 등과 같은 질문을 만들어 낼 수 있다. 질문만 있으면 부모와 자녀가 함께 답을 찾아가면서 그림을 감상할 수 있다.

디즈니랜드에 갈 기회가 생기면 "디즈니랜드에는 왜 시계가 없을까?", "왜 디즈니랜드에는 화장실 안내 표시를 붙여놓지 않았을까?"라는 질문을 만들 수도 있다. 게스트(이용객)가 시간을 잊고 즐기길 바라는 의도가 숨어 있으며 청소원이나 판매원 등의 캐스트[5] (직원)와 게스트 간 대화를 늘리기 위한 의도라 생각할 수 있겠으나 질문을 사전에 생각하지 않으면 지나쳐버릴지도 모르는 내용이다.

---

5) 게스트(guest, 관객)를 대상으로 모든 종업원은 캐스트(cast, 배우)라는, 도쿄 디즈니 리조트 특유의 호칭. 디즈니에서의 모든 업무는 단순한 작업이 아니라 하나하나가 쇼라는 개념에서 출발한다.

지역 행사에 자녀를 참가시키는 방법도 추천하고 싶다. 어른들과 관계를 맺으면서 다양한 분야의 일을 여러 각도에서 체험할 수 있을 것이다. 학교에서도 토요일이나 방학을 이용해 지역 주민이 수업을 이끌어가도록 기획할 때가 있다. 이런 곳에 참여하면서 학생은 사회와 접점을 만들며 멋진 경험을 한다.

이렇듯 '스스로 생각하고 친구와 협력하면서 좀 더 나은 답을 발견하는 경험'은 학교 안에서만 습득하는 것이 아니며 가정에서나 지역 활동을 통해서도 얻을 수 있다. 자녀의 미래를 상상하면서 가정 교육에도 변화를 주어야 한다.

제**5**장

가르치지 않는 수업이
학교를 바꾼다

지금까지 가르치지 않는 수업의 구체적인 모습이나 그 효과에 대해 내 경험을 토대로 이야기해보았다. 가르치지 않는 수업은 자녀들의 가능성을 이끌어내고 사회에서 요구하는 능력을 기를 뿐 아니라 현재와 미래의 대학교 입시에도 완벽하게 대응할 수 있는 수업 방식임을 이해했으리라 믿는다.

그렇다고는 해도 갑자기 방향을 바꾸어 가르치지 않는 수업을 실천하는 것을 망설이는 교사나 부모가 많을 줄로 안다. 당연한 일이다. 물론 학생의 자립을 돕는 수단으로써 가르치지 않는 수업만 있는 것은 아니다. 모든 선생님이 내가 실천해온 수업 방식을 모방할 필요도 없다. 단지 가르치지 않는 수업 방식의 일부만 접목해도 변화는 크다. 지식을 전달하는 강의식 수업에 액티브 러닝 방법을 약간만 집어넣는다면 학생은 주체적으로 배우기 시작할 것이다.

수업을 마치기 5분 전, "오늘 배운 내용 중에 의문점이 있으면 옆 학생과 이야기해보세요."라는 제안만으로도 큰 변화가 생긴다. 수업 중에 생기는 의문은 5분으로 해결할 수 없을 것이다. 그러나 그것으로 된다. 일단 떠오른 의문은 학생들끼리 서로 답을 주고받으려 할 것이고, 알고자 하는 욕구에 불이 붙으면 쉬는 시간에도 논의는 이어질 테니까.

실제로 다카하시 마사아키(高橋正明, 화학 교사) 선생님은 학생 전원이 이해하기를 바라는 질문은 수업 중에 해결하고 끝날 즈음에 다음 단계를 위한 질문을 던져놓는다. 그러면 쉬는 시간이 되어도 학생들은 수업 시간에 발생한 의문에 대해 의견을 교환하느라 여념이 없다.

어느 과목에서건 학생에게 교과서를 읽을 시간을 주기 전에 "5분 후에 ○○쪽에서 중요한 점 두 가지를 짝한테 설명하게 할 거예요. 잘 설명할 수 있게 집중해서 읽으세요." 하고 제시하기만 해도 가르치지 않는 수업에 한발 다가가는 것이다.

또 수학 문제를 푼 후에 "방금 풀이한 방식을 한 번 더 짝한테 설명해보세요."라는 말만으로도 학생의 학습 태도는 능동적으로 바뀐다. 교사의 설명을 들은 후에 알게 된 내용(혹은 모르는 내용)을 옆자리 학생과 서로 이야기하는 습관이 몸에 배면 교사의 말에도 집중한다.

이처럼 기존의 수업 방식 모두를 한 번에 바꾸지 않고 액티브 러닝이나 가르치지 않는 수업의 관점을 양념처럼 곁들이면 학생들이 가만히 듣기만 하는 수업 분위기는 사라질 것이다. 액티브 러닝 방식을 자세히 알고 있는 교토 대학교 고등교육연구개발추진센터의 미조가미 신이치(溝上慎一) 교수 역시 강연회나 저서를 통해 "강의식 수업 마지막에 토론 등을 집어넣는 방식이 액티브 러닝을 처음 시도하기에 가장 적절하다."라고 조언한다.

가정에서도 자녀와 이야기할 때 "이차 방정식은 어떻게 푸는 거지?", "삼권 분립이 무슨 말이야?"라고 물어보자. 그때 중요한 것은 "5분 후에 설명해줘."라고 준비 시간을 주는 것이다. 이 방법만으로도 능동적으로 학습하는 능력이 생긴다. 답을 가르쳐준 후에도 "네가 한 번 더 설명해봐."라고 아이가 자기 언어로 표현하도록 하자. 이야말로 액티브 러닝이자 능동적인 학습이다.

학생들을 방치한다는 지적에 대해

액티브 러닝 방식의 수업 풍경은 교사가 아무것도 하지 않는 듯 보이기도 한다. '가르치지 않는다'는 말 때문에 교사가 수업을 방치하는 것이 아니냐는 부정적인 시각으로 바라보는 부모나 동료가 있을지도 모르겠다.

내가 가르치는 학년에서는 교사가 앞에 서는 일이 많지 않다. 아침에 학급 임원과 교사가 조회 시간에 무슨 내용을 전달할지 논의하면서 학교 일과를 시작한다. 그런 후 교탁 앞에는 교사가 아니라 학생이 선다.

영어 수업 시간에는 교사 대신 학생이 수업을 진행한다. 문화제 등 행사에서도 교사는 학생의 활동을 복도에서 지켜보는 경우가 많다.

이런 장면들만 보고 "○○ 선생은 학생들을 내버려두고 아무것도 하지 않는다."라며 오해하는 동료도 있다. 수업 풍경을 다른 교사들에게 공개하면 "이런 수업은 본 적이 없다."라는 핀잔을 듣기도 한다. 보지 못한 것을 보고 경험하지 못한 것을 경험하면 불안하고 그 불안은 때로는 비판으로 이어진다. 이런 오해나 비판에 대응할 때는 가르치지 않는 수업의 의도를 정확하게 설명하는 수밖에 없다.

그래서 매년 4월에 열리는 학부모회나 학급 간담회가 중요하다. 내 경우 학부모 전체 회의에서는 학년 운영 방침을, 학급 간담회에서는 학급 운영 방침을 설명하는데 그때마다 슬라이드를 이용한다. 정기적으로 학년 소식지를 발행해 지도 방침을 보호자에게 알리기도 한다.

교과목을 초월한 교사의 자발적 연수

교사들끼리 의견이나 지도 방법을 공유할 수 있으면 가르치지 않는 수업에 대한 오해도 생기지 않는다. 본교에서는 가르치지 않는 수업과 같은 학생 주도형 수업에 관심 있는 교사들이 자율적인 스터디 모임을 만들었다. '배움의 광장'이라는 이름의 모임은 액티브 러닝이라는 특정한 방법에 국한하지 않고 교사들끼리 가볍게 이야기를 나눌 기회를 얻고자 시작되었다. 가르치는 과목이 각기 다른 교사들이 한곳에 모여 뜨겁게 의견을 교환한다.

'배움의 광장'은 교사 몇 명과 함께 다구치 선생님의 중학교 3학년 사회 수업을 참관하면서 떠오른 발상이다. 여러 학생이 활동지 한 장을 완성해가는 광경과 학생 전원의 의견을 칠판 한 면에 적어놓아 다양한 사고를 일깨우는 모습들이 보였다. 수업에 임하는 아이들의 눈빛은 살아 있었다. 수업을 마치면서 학생들 사이에서 절로 새어나온 박수가 특히 시선을 끌었다. 게다가 다구치 선생님이 수업 내내 입을 연 시간은 5분도 채 되지 않았다. 이 수업의 비밀을 파헤치고자 방과 후에 교사들이 모였다. 이후 모임에서는 발표자를 세워 선생님 역할을 맡기고 나머지 참가자들은 학생 역할을 맡아 실제 수업처럼 체험하면서 정보를 교환했다.

액티브 러닝 방법은 여러 교과에서 공유할 수 있다. 산토 선생님의 질문으로 시작하는 수업처럼 다른 과목 선생님의 사례를 적용한 활동도 많이 생겼다. 화학 담당 다카하시 마사아키 선생님이나 사다야마 사이키(佐田山 彩紀) 선생님은 모둠 활동을 효과적으로 이용하기로 유명하다. 생물 담당 구로다 준코(黑田淳子) 선생님이나 영어 담당 이토 슌(伊藤 俊) 선생님은 경험이 풍부하지만 본인들의 수업 방식을 과감하게 변화시킨 과정을 보고하여 "언제든 바꿀 수 있다."라는 가능성을 보여주었다.

국어 담당 오노데라 신이치로(小野寺 伸一郎) 선생님이나 오키 나호코 선생님이 본문을 전부 설명하지 않는 고문 및 한문 수업을 보면서 All English 수업 방식과 닮았다고 느꼈다. 나와 같이 영어를 담당하는 누노무라 나오코(布村 奈緖子) 선생님은 해외에서 배운 방법을 우리가 응용할 수 있는 범위 내에서 알기 쉽게 소개해주었다. 특히 액티브 러닝 방법이나 거꾸로 교실 등 인터넷을 사용한 수업 방식은 해외 사례에서 배울 점이 많았다.

수학 담당 후지모토 게이스케(藤本圭助) 선생님이 "수학에는 액티브 러닝을 어떻게 적용하는가?"라는 질문을 내놓았을 때 다른 교과목 선생님들과 머리를 맞대며 고민하기도 했다. 관리직 선생님들도 바쁜 시간을 쪼개어 얼굴을 보여주었다.

'배움의 광장'은 교육 위원회나 관리직에서 기획한 것이 아니라 현역 교사들 사이에서 자연스레 발생했다는 데 의의가 있다. 지금은 다른 학교 교사들도 모임에 참여하기를 희망하면서, 학교를 초월한 배움의 장이 되었다.

지금까지 수업 연구라 하면 교과별로 실시되는 경우가 많았으나 "학생을 어떻게 주도적으로 학습하게 하는가?"라는 주제는 교과목에 관계없이 토론할 수 있는 주제이고 또 다른 교과 선생님들의 의견에서 배울 점이 많다고 본다.

지금 학교에서는 '개혁'을 위해 다양한 방법을 시도하고 있음에도 교육 분야와 관계 없는 일을 하는 사람과 이야기하다 보면 "사회는 크게 변화하고 있는데 학교만 그대로이다."라는 말을 여전히 듣는다. 학교에서의 상식은 세상에서 비상식이라는 말도 듣는다. 그래서 나는 교육 분야 외의 일을 하는 사람들과 업종을 가리지 않고 교육에 대해 논의하는 장을 중요하게 여긴다.

현실적으로 학교와 사회의 접촉이 원활하지는 않다. 대학교에서도 액티브 러닝 방식을 적용해 주체성과 협동성을 기른다면 대학교와 사회가 원활하게 이어질 것이다. 액티브 러닝을 적용하는 대학교가 늘어날수록 가지처럼 뻗어 있는 고등학교와 중학교, 초등학교도 줄줄이 바뀐다.

교사는 대학교 졸업 후의 사회를 좀 더 면밀하게 파악해야 한다. 초·중·고 교사 한 명 한 명이 사회 흐름에 민감하게 반응하고 사회에서 주체적이고 강인하게 성장하는 학생을 키워내겠다는 의지를 갖기 바란다.

전국적으로 확산된 가르치지 않는 수업의 마력

최근 액티브 러닝 방식이 주목받으면서 본교의 연구 방식이 대중 매체에 거론되었고 나 역시 나 나름의 교육 노하우를 강연회 등에서 소개할 기회가 늘었다. 내 방식의 교육을 사회에 소개하는 일은 내 교육 철학에 흔들림이 없는가를 확인하는 소중한 기회이다. 액티브 러닝 활동을 적용해 가르치지 않는 수업을 지향하겠다는 선생님도 늘었다.

도쿄 도립 미타(三田) 고등학교의 이노우에 히로노리(井上裕德) 선생님은 여름 방학 특강 시간에 액티브 러닝을 적용해보았다가 학생들의 표정 변화에 놀랐다고 한다. 특강이라 하면 입시 학원처럼 강의하는 형식이라서 일반적으로 학생들은 진지하게 교사가 하는 말을 듣기만 한다. 그런데 이 수업에서는 전에 없던 즐겁고 긍정적인 웃음을 볼 수 있었다고 한다.

이바라키 현 히타치 시에 있는 메이슈(明秀) 학원 히타치(日立) 고등학교의 영어 선생님들은 내 수업을 여러 차례 견학한 후 다양한 액티브 러닝 활동을 의욕적으로 전개하고 있다. 선생님들은 모의고사 등에서 하위권이었던 학생의 성적이 놀랄 만큼 향상되었다고 전한다.

2016년 3월에는 군마 현 이세사키 시에 있는 요쓰바(四ッ葉) 학원 중등교육학교에서 고등학교 1학년 학생들에게 돌발 수업을 해보았다. 처음 만난 학생들이었으나 내 방식의 액티브 러닝 수업에 적극적으로 따라와주었다. 모두 진지한 눈빛으로 능동적인 활동을 펼쳤다. 그 후 이 수업을 참관한 선생님들에게 변화가 일어났다고 한다.

내가 강연을 하거나 공개 수업을 하면 몇몇 교사들은 료고쿠 고등학교 학생이라 가능한 것이 아니냐는 의문을 갖는다. 그러나 다른 학교에서 실천하고 있는 선생님들의 목소리는 이런 의심을 불식해준다. 이 책에서 소개한 활동은 일반 공립 학교에서도 실천할 수 있으며 특별한 것이 아니다.

가르치지 않는 수업으로 탄생한 학생들의 적극적인 미소는 교사를 사로잡는 마력이 있다. 거듭 말하지만, 가르치지 않는 수업은 학생에게 자립할 힘을 주고 변화하는 사회에서 살아남는 원동력이 된다. 이 힘은 결코 강제적인 주입식 교육에서는 탄생하지 못한다. 가르치던 손을 내려놓음으로써 아이들에게 가장 필요한 능력이 생기며, 나아가 가르치지 않는 수업 방식은 교사에게도 큰 기쁨인 것이다.

교사들의 다양한 교육 방식을 존중하는 학교

이처럼 액티브 러닝으로 단숨에 유명해진 료고쿠 고등학교이지만 결코 학교 이름을 알리기 위해 액티브 러닝을 실천하지는 않는다. 가르치지 않는 수업도 내 개인적인 실천일 뿐 학교 전체가 들고 일어난 교육 방법은 아니다. 앞에서 서술했듯 교사들이 만든 '배움의 광장'도 자율적으로 열리는 모임이며 모든 선생님이 참가하지도 않는다.

본교에서는 이 모임에 참가하지 않는 선생님도 다양한 수업을 전개한다. 이런 다양성이 학교의 재미이기도 하다. 가르치는 방법은 각기 달라도 도달하고자 하는 목표는 같다는 사실이 중요하다. 공통적인 목표, 그것은 교훈이기도 한 '자율자수(自律自修)'이다. 이 목표를 향해 학생이 자립해서 당당하게 살아갈 수 있도록 선생님들 나름대로 분투하고 있다. 정상에 있는 자율적이고 자주적인 학습을 위해 교사들이 자유로이 방법을 선택하는 이런 환경은 관리직 교사들의 배려와 지지가 없었다면 불가능했을 것이다.

얼핏 강의식 수업으로 보일지라도 '자율자수'라는 교훈 덕분에 교사들은 수업에 임할 때마다 학생들의 자립을 의식할 수 있다. 같은 목표를 향해 연구하는 교사들의 개성을 인정하며 능력을 최대한 이끌어내는 학교 환경에 감사한다. 내가 가르치지 않는 수업에 망설임 없이 도전할 수 있는 이유도 다양성을 인정하는 학교 덕분이다.

칼 럼

관리직에서 바라본 가르치지 않는 수업

오이 도시히로(大井俊博, 료고쿠 고등학교 전 교장)

나는 여러 해 동안 액티브 티처로서 교단에 섰으며 최근 10년간은 액티브 교장으로서 학교 경영에 임했기 때문에 현재 주목받는 액티브 러닝이 낯설게 느끼지 않는다. 오히려 학생에게 아주 유익한 교육 방법 중 하나라고 인정한다.

본교에는 '세 가지 보물'이 있다. 순수하고 무슨 일에건 올곧게 임하는 학생들이 첫째 보물이며, 노력하는 학생들을 뜨거운 열정과 깊은 애정으로 이끌어주는 교사들이 둘째 보물이다. 열심히 노력하는 학생들과 그 노력을 헌신적으로 응원하는 교사들의 협업, 즉 신뢰 관계 구축이 셋째 보물이다. 나는 이 세 보물의 근본이 수업이라고 생각한다.

본교에서는 수업 방식 개선을 주제로 교사들이 주체적으로 '배움의 광장'이라는 스터디 모임을 운영한다. 한 달에 한 번 정기 고사가 끝난 오후나 근무 시간 종료 후 18시부터 20시 사이에 실시한다.

교과목을 초월한 20명 이상의 교사들이 달마다 돌아가며 모의 수업이나 실천 보고서, 프레젠테이션 등을 하는데, 이 모임을 통해 액티브 러닝이 널리 퍼지고 자리를 잡지 않았나 싶다.

구립 중학교에서 본교로 부임한 지 10년이 넘은 야마모토 선생님은 중학교 3학년 주임을 두 번 했다. 앞으로 고등학생을 가르칠 3년간도 학년 주임을 맡아주리라 기대한다.

현재 선생님이 학년 주임을 맡고 있는 고등학교 2학년은 중학교 때부터 주체성을 기르기 위해 수많은 활동을 해왔다. 학년 행사에서는 학생들 스스로 연구하고 계획해 실천하는 등 주체적인 학년 운영을 위해 힘쓰고 있다. 그 과정에서 크고 작은 실패에 부딪히기도 하겠지만 체험하지 않으면 실패를 경험하지도 못한다는 긍정적인 생각으로 학생들을 이끌어왔다.

수업 시간에는 여러 교과목에서 짝 활동이나 모둠 활동을 통해 친구들의 의견을 경청함과 동시에 자신의 의견이나 생각을 표현할 수 있는 의사소통 능력이나 프레젠테이션 능력 향상에 힘썼다. 그 결과 학생끼리 서로 가르쳐주는 광경이나 학생과 교사가 함께 배워가는 모습을 곳곳에서 발견할 수 있었다.

본교에는 액티브 러닝을 적용해 수업 방식 개선에 힘쓰는 교사가 20명 이상 있지만 그 외 교사들도 열정적으로 수업한다. 강의형이라 할지라도 학생과의 대화 형식으로 수업을 이어가는 교사도 있고 학생의 반응이나 이해력을 수시로 관찰하면서 설명 수준을 조절하는 등 여러모로 연구하는 교사도 많다. 이런 방식도 넓은 의미로는 액티브한 학습이라 할 수 있다.

나는 교장으로서 액티브 러닝을 강요하지는 않는다. '자율자수'라는 목표를 향해 자유로운 수업을 진행하는 환경을 제공하는 것이 우리 관리직의 역할이라 생각한다.

료고쿠 고등학교에 부임한 지 4년째지만 우리 학원을 '정(静)'에서 '동(動)'으로 바꾸기보다는 숨어 있던 동(動)의 일부를 끄집어내는 데 주력했다. 그 에너지원이 된 것이 액티브 러닝이며 야마모토 선생님이 표현하는 '가르치지 않는 수업'이었다고 본다.

완벽한 수업은 없다. 앞으로도 야마모토 선생님이 늘 배우는 교사, 액티브 티처로서 연구에 매진해주기를 바란다.

(이 칼럼은 오이 도시히로 씨가 현역 교장이었을 당시에 쓴 내용이다.)

제**6**장

가정에서 할 수 있는
가르치지 않는 교육

가르치지 않는 수업은 이상에 불과한가?

훨씬 다양화·국제화하는 사회, 인공 지능 발달에 따른 직업 변화. 이에 발맞추어 학교나 교육도 바뀌어야 함을 지금까지 글로 이해했으리라 생각한다.

그러나 교육 개혁에는 고난이 따른다. 대학교 입시 제도 개혁을 논의하고 있는 지금 단계에서는 추가되는 서술형 시험을 얼마나 신속하고 공정하게 채점할 것인가부터 영어 말하기 능력을 어떻게 측정할 것인가 하는 과제가 아직 남아 있다. "이상적이지만 현실적으로는 무리다."라는 목소리도 여전히 들린다.

"학생들만으로는 깊이 이해하기 어렵다. 교사가 분명하게 가르쳐야 한다."라는 가르치지 않는 수업을 향한 비판도 있다. 실패를 허용하는 융통성을 두고 단호함이 부족하다고 오해하는가 하면 학생들을 지도할 때 '엄하게 꾸짖고 실패를 바로잡도록' 기본 방침을 정해놓은 학교도 있다.

가르치지 않는 수업과 같은 이상론보다는 효율성이나 현실적으로 쉬운 지도법을 중시하는 학교 풍조가 교육 혁신을 저해한다는 느낌도 받는다.

실패를 인정하면서 전진하는 가르치지 않는 수업은 정말 이상론에 불과할까? 가르치지 않는 수업으로 기른 능력을 적정하게 평가하려는 대학교 입시 제도 개혁은 실현되지 못할 것인가? 앞으로도 현재와 같은 교육 방식이 반복될 것인가? 여기까지 읽은 독자들은 어떻게 생각하는지 궁금하다.

부모의 의식 개혁이 필요한 시기

교육계가 바뀌려는 움직임을 보이는 이때 부모의 의식은 어떤가?

어떤 부모든 자녀가 행복하기를 바란다. 그렇다면 부모인 여러분은 자녀에게 어떤 능력을 심어주고 싶은가?

대학교에 입학하면 '좋은 회사'에 취직하고 종신 고용을 보장받을 것이라는 믿음은 이미 무너지고 있다. 현재 존재하는 직업이나 기업이 앞으로도 꾸준히 존재할 것이라는 보증은 어디에도 없다.

반면에 부모 세대들은 대학교에 들어가면 취직이 어느 정도 약속받는 길을 걸어왔다. 그 길만 걸으면 장래를 '보장된 미래'로 인식하는 시대였기 때문이다. 따라서 대학교, 그것도 특정 명문 대학교에 진학하는 것이 중요한 의미를 지녔다.

지금 아이들이 진정으로 행복해하는 모습을 그리기 힘든 이유가 부모 세대의 이런 경험 때문은 아닐까? 앞으로는 일하는 방식이나 삶의 종류도 다양해지고 장래는 좀 더 '불확실'해질 것이다. 대학교에 들어가기만 한다고 이 불확실한 미래를 극복할 수는 없다.

가르치지 않는 수업의 효과를 가정 교육에 적용하면 부모에게 여유가 생기고 자녀들의 시야가 넓어진다. 입시 결과에만 신경을 곤두세우지 말고 훗날 자녀가 살아갈 사회를 상상하면서 그 사회 안에서 강하게 성장하는 모습을 그리기 바란다.

대학교 입학은 결코 인생의 최종 목표가 아니다. 기나긴 삶의 여정 중 한 단계에 지나지 않음을 잊지 말아야 한다. 대학교 입시에 실패해도 걱정할 필요가 없다. 실패해도 다시 일어설 힘을 기르는 것이 더욱 중요하다.

잊을 수 없는 편지

이런 교육론은 역시 이상론이라는 말을 들을까?

나는 이상을 추구하면서 바꾸어나가야 참교육이라고 믿는다. 물론 이상과 현실 사이에서 고민할 때도 많다. 그럴 때는 동일본 대지진 피해 지역이나 케임브리지 대학교에서 연수한 경험을 상기한다. 그리고 반드시 되새기는 문장 하나가 있다. 아무리 방황하고 고민하더라도 이 말을 기억하며 나 자신으로 돌아온다. 내 가르치지 않는 수업은 이 말에 기대고 있다고 해도 과언이 아니다.

이 말은 초등학교 교사인 아내가 동료에게 받은 한 통의 편지에 적혀 있었다.

선생님에게는 아들이 하나 있었다. 활발하고 운동을 좋아하는 밝은 아이였다. 그런데 부모로서 최대 불행이 닥쳤다. 난폭 운전을 하던 트럭이 아이의 생명을 앗아간 것이다. 아이는 중학교 1학년이었다. 나도 아이를 키우는 부모로서 이 이야기를 듣고 할 말을 잃었다. 부모에게 자식의 생명만큼 소중한 것이 또 있을까?

장례식이 끝나고 얼마 후에 이 편지가 도착했다. 선생님과 대면한 적은 없지만 편지를 읽은 아내가 울고 있기에 나도 읽었는데, 눈물이 멈추지 않았다.

장례식에 참가해주어 고맙다는 인사와 아이를 잃은 슬픔 속에 묻혀 있던 이 말은 아주 강한 존재감을 드러냈다.

좀
·
더
·
많이
·
칭찬해주지
·
못해
·
미안
·
·
·
·
·
·

'오늘이 마지막 날이라면'

스티브 잡스는 매일 아침 이 생각을 한다고 한다. 나도 오늘이 마지막이라면, 오늘이 아이와 만날 수 있는 최후의 날이라면 지금 한 말은 진정 하고 싶은 말이었을까? 오늘이 만일 학생들과 만날 수 있는 마지막 날이라면 오늘 지도나 수업은 정말로 하고 싶은 것이었을까? 이런 생각을 하게 되었다.

내 교육 방식을 돌이켜보면, 더욱 엄하게 꾸짖었어야 했다는 생각은 들지 않는다. 앞으로도 학생들이 스스로 이루어낸 일을 칭찬하고 싶다. 그러기 위해서 꾸준히 수업 방식을 개선하며 학교를 바꾸어갈 것이다. 그래도 결심이 흔들릴 때는 예의 그 편지를 떠올린다. 그리고 가슴 깊이 아이들의 행복을 빈다.

가정에서도 오늘이 마지막 날이라는 생각을 해보기 바란다. 제일 피하고 싶지만 반드시 필요한 생각임을 그 편지는 일깨워주었다.

사회와 학교, 가정(혹은 지역)이 나란히 한 방향을 바라보며 아이들을 키워나가야 한다.

가르치지 않는 수업을 통해 기르는 능력과 사회에서 요구하는 능력의 뿌리는 같다. 학교뿐 아니라 가정에서도 자녀의 자립을 돕기 위해 가르치지 않는 교육의 관점을 받아들임으로써 같은 목표를 추구할 수 있다.

이제 집에서도 실천할 수 있는 가르치지 않는 교육을 구체적으로 이야기하고자 한다.

지각하는 아이를 꾸짖는 대신 사정을 묻는다

자녀들은 집에서 어떤 모습일까? 게임, 스마트폰, 텔레비전 등에 의지한 채 뒹굴뒹굴하는 모습을 보면서 공부하라는 잔소리가 목구멍까지 차오를지도 모른다.

"공부해라.", "언제까지 텔레비전만 볼 거야?", "늘 빈둥거리기만 하니?", "게임 좀 적당히 해라", …….

물론 이런 말이 모두 나쁘지는 않다. 하지만 집에서 자녀에게 건네는 말이 이런 잔소리뿐이라면 어떻겠는가?

학교에서도 마찬가지다. 지각이나 과제물을 잊고 왔을 때 학생이 지키지 않은 약속이나 하지 못한 일만 보여서 학생과의 대화 대부분을 꾸중으로 허비한다면 어떻게 될까? 학생과 소통하는 시간이 잔소리에서 시작해 잔소리로 끝난다면 얼마나 허무할까?

지금 눈앞에 있는 아이의 모습은 빙산의 일각이다. 교사나 부모는 아이가 보내는 24시간 중 극히 일부만 보고 있으면서 그 사소한 부분에 잔소리를 늘어놓지는 않았는가?

학교에서 정신을 집중해 노력하는 학생은 집에서 여유를 부리면서 학교에서와는 다른 얼굴을 보이는 경우가 많다. 반대로 지각하는 등 학교에서 문제를 일으키는 학생은 가정사가 복잡하다. 하루 종일 긴장을 풀지 않은 채 생활하는 것은 불가능하다. 학교에서 나무늘보처럼 늘어지는 학생은 집에서의 모습을, 집에서 뒹굴뒹굴하는 학생은 학교에서의 모습을 파악해둘 필요가 있다.

본교에는 전통적인 지각 지도 방식이 있다. 아침 학습 시간에 일정 횟수 이상 지각한 학생은 지각 지도의 대상이 된다. 대체로 교사가 설교를 하고 학생에게 반성문을 쓰게 하지만 나는 설교를 생략한다. 중학생이나 고등학생이 되면 지각이 왜 나쁜지 충분히 알고 있기 때문이다. 물론 모르는 학생에게는 이유를 말해주지만 이미 알고 있는 학생에게 지각에 대해 장황하게 설교해도 학생 마음에 가닿지는 않는다.

나는 설교 대신 면담을 한다. 지각이 나쁜 줄 알면서도 왜 지각하는지 알고 싶어서다. 지각이라는 단면을 통해 거대한 빙산의 중심부까지 도달하기 위해 학생에게 질문을 하다 보면 여러 사정을 알게 된다. 집안 사정으로 아침마다 가사를 도와야 하는가 하면 숙제나 과제에 떠밀려 생활 습관이 뜻대로 정착하지 못해 고민하기도 한다. 개중에는 바꾸고 싶어도 바꾸지 못하는 상황을 울면서 호소하는 학생도 있다. 이런 경우 지각이라는 단편적인 부분에만 집중해 혼을 내도 아무 의미가 없다. "왜 지각하는 거야! 반성해!"라고 꾸중하면 표면적으로는 지각이 사라질지도 모른다. 혼쭐이 나야 문제 행동이 없어진다고 생각하는 선생님도 있다. 그러나 "혼나니까 ~한다.", "혼나니까 ~하지 않는다."라는 동기는 본질적인 문제 해결이 아니다. 오히려 자립을 방해하는 몹쓸 지도로 전락해버린다.

근본적인 원인을 보려 들지 않고 엄하게만 지도해서 문제를 해결했다고 해도 그것은 교사의 자기만족일 뿐이다. 학생 입장에서 실패를 나쁘다고 단정 짓고 꾸중으로부터 도망치는 습관이 들면 사회에 나가서도 실패를 감추고 심지어는 조직 내 은폐 성향으로까지 이어질지 모른다.

안정적인 교실 분위기를 만들기 위해서는 신학기가 시작되는 4월에 승부를 보아야 한다고 흔히 말한다. 이는 대개 학생에게 얕보이면 안 되니까 엄격하게 지도해야 한다는 의미다. 엄격한 지도로 집단을 통제했다 해도 이 역시 교사만의 착각이다. 집단 내에서 엄하게 지도하는 이유는 구성원을 복종시키기 위해서다. 복종 안에서는 새로운 발상을 이끌어낼 동기도 탄생하지 않는다.

나도 학년을 운영하기 위해 4월에 승부를 건다. 학생들의 장점을 얼마나 많이 발견해 얼마나 공유할 수 있는지가 관건이다. 결코 힘으로 제압하지 않는다. 학년 주임으로서 4월부터 담임을 맡을 교사들에게 당부하고 싶은 말은, 학생들의 특징을 가능한 한 많이 발견해서 학년 회의에서 공유하자는 것이다.

학교나 기업뿐만 아니라 가정에서도 '관리'를 멀리해야 하지 않을까? 실패하지 않으면 실패를 딛고 다시 일어날 힘을 기를 수 없다. 규칙만 잘 지키면 된다는 사고방식으로는 규칙에서 벗어난 변화에 대응하지 못한다. 모두 복종하고 같은 곳으로만 걸어간다면 다양성을 인정할 마음도 생기지 않을 것이다. 지나친 관리는 현대 사회에 필요한 힘을 모두 소거해버린다는 사실을 잊어서는 안 된다.

공부하라는 말보다 공부하는 모습을 보인다

집에서 공부하지 않고 시간만 낭비하는 자녀들에게는 어떤 조언이 필요할까? 장담하건대 공부하라는 잔소리를 듣고 동기 부여가 되는 아이는 없다. 지각 지도의 경우처럼 공부해야 한다는 사실을 잘 알고 있기 때문이다. 알고 있으면서도 하지 못하는 이유, 빙산의 본체를 발견해야 한다. 빙산의 본체를 찾기 위해서는 시간이 필요하다. 잔소리 한 방으로 금방 나아질 수 있는 성질이 아니다.

자녀에게 공부하는 습관을 들이고 싶다면 우선 공부하라는 말을 입 밖으로 내지 않기를 바란다. 아이는 부모가 하는 말을 듣지 않아도 행동은 보고 있다. 부모가 직장에서 귀가해 텔레비전을 보면서 늘어지는 모습만 보이면 아이도 같은 행동을 무의식적으로 흉내 낸다. 부모가 늘어지는 모습을 보이면서 공부하라고 한들 설득력이 있겠는가?

그럼 어떻게 해야 할까? 부모가 솔선해서 공부하는 모습을 보이는 것이다.

내 아내는 아침마다 NHK 라디오에서 흘러나오는 기초 영어를 듣는다. 나도 대학교 인터넷 영상 강좌를 보며 공부하거나 일이 끝난 후에 영어를 배우러 다닌다. 억지로 보이기 위한 행동은 아니다. 그저 즐거우니까 한다. 공부하라는 말보다 공부의 즐거움을 자녀에게 전할 수 있으면 만족한다.

학교에서도 마찬가지다. 학생에게 공부를 시키고 싶다면 교사가 공부하는 모습을 보이면 된다. 산토 선생님은 학생이 사용하는

『속독 영단어』라는 참고서를 이용해 본인도 영어 공부를 시작했다. 날마다 헤드폰으로 영어를 들으면서 출퇴근하고 때로는 소리 내어 읽기도 한다. 그리고 아침 자유 활동 일부를 영어로 진행하기 위해 반복 훈련 중이다. 그 모습이 학급 학생들에게 플러스 효과를 주고 있음은 말할 필요도 없다. 실제로 산토 선생님 반 학생들과 수업을 하다 보면 열의가 고스란히 전해진다. 나도 최근 2년 동안 두 번, 고등학생들과 함께 GTEC CBT에 응시했다. 작년에 퇴직하신 시부야 도시유키 선생님은 센터시험에 도전하겠다고 학생들에게 공언하셨다. 이렇게 교사들이 공부를 시작하면 학생도 질 수 없다는 자세를 보인다.

우리 학년 교사들은 적극적으로 해외에 나가 다양한 체험을 한다. 산토 선생님은 보르네오 섬에서 숲 가꾸기 프로젝트에 참여하고 있다. 지리역사 담당 요코호리 선생님은 인도네시아 호모 플로레시엔시스(Homo floresiensis)[1] 발굴 작업에 동참했다. 내 경우는 제3장에서 언급했듯 여름 방학 동안에 케임브리지 대학교 교사 연수에 참가했다. 이런 교사들의 모습이 학생들의 의식을 깨운 덕분에 유학이나 국제 구호 봉사 등 세계로 눈을 돌리는 학생이 다른 학년에 비해 많다. 여름 방학을 이용해 케임브리지 홈스테이에

---

1) 인도네시아 플로레스 섬에서 발견된 1m 남짓의 작은 인종으로, 약 1만8,000년 전에 살았던 인류일 것으로 추정된다. 발견된 섬의 이름을 따긴 했지만 「반지의 제왕」의 주인공 호빗으로 더 유명하다.

참가한 학생도 있다. 고등학교 2학년 겨울 방학 때는 20명 이상이 자발적으로 보르네오 섬의 스터디 투어에 참가했다.

부모와 교사가 공부하라는 말을 멈추면 편해진다.

공부하라는 말을 한 번 입 밖으로 꺼내면 계속해야 하고 아이들은 그 소리가 듣기 싫어서 공부한다. 이 과정에서 자립을 기대할 수는 없다.

아이는 어른을 관찰한다. 학교에서도 집에서도 어른의 삶 자체가 아이들에게 큰 영향을 준다는 사실을 잊어서는 안 된다.

칼럼

우리 집의 가르치지 않는 교육

학부모 다카기 하루미(高木晴美)

딸에게 료고쿠는 동경의 대상이었다. 다섯 살 차이 나는 오빠가 부속 중학교 1기생으로 입학했고 학교생활을 충실하게 하고 있는 모습을 직접 보면서 초등학생 시기를 보냈기 때문이다.

2011년, 꿈에 그리던 합격 통지서를 받은 딸은 얼마나 희망에 부풀었던지……. 나 또한 입학식 날 야마모토 선생님이 딸의 담임을 맡으셨다는 소식을 듣고 기대감으로 가슴이 설렜다. 야마모토 선생님은 영어 교육 전문가이자 아들이 중학교 1학년 때 부담임이었다. 훌륭한 교사라는 신뢰가 내 안에 굳게 자리 잡고 있었다.

이렇게 료고쿠에서 학교생활을 시작한 딸은 현재 고등학교 2학년이다. 딸은 5년 동안 대체로 즐겁고 만족스러워했다. 그러나 부모로서 마음을 놓지 못한 시기도 있었다.

수업을 참관하면서 학급 분위기를 보고 딸의 이야기도 들은 후에는 아주 자유분방하다는 인상을 받았다. 그런데 이것이 좋은 건지 나쁜 건지 가늠하기 어려웠다. 수업이나 학년 교육 방침도 실험적인 것 같았다. 나뿐만 아니라 다른 보호자들도 불안한 기색을 감추지 않았다.

"저런 방식에 적응하는 아이는 괜찮겠지만 그러지 못하는 아이는 어떻게 해?"

"이런 방법으로 낙오되지 않는다는 보장도 없는데 학교에 대안은 있나?"

등등 여러 목소리가 귀에 꽂혔다.

나는 이 상황을 잠자코 보고 있을 수 없어서 실례를 무릅쓰고 선생님께 학부모들의 의견을 전달했다. 불신감을 노골적으로 드러낸, 지나치게 직설적인 발언이었을지도 모른다. 그럼에도 불구하고 선생님은 당당하게 나서서 학부모들 의견에 귀를 기울여주었으며 빠르게 대응해주셨다. 이때부터 서서히 내 안에서 신뢰감이 커갔다.

딸이 고등학교 2학년 후반에 들어선 지금, 분위기가 조금씩 수험생 모드로 바뀌고 있다. 점점 긴장감이 늘고 날카로운 바람이 간간이 불지만, 아이들은 그것을 긍정적인 바람으로 바꾸어가고 있다. 친구들끼리 선택 과목을 상담하거나 부족한 과목을 방과 후에 서로 가르쳐주는 등 협력하면서 크게 성장했다. 자주적이고 늠름한 그 모습들은 '가르치지 않는 교육'의 산물임을 인정할 수밖에 없다.

반면에 집에서는 공부에 관한 한 거의 방치라 해도 좋을 정도였다. 딸에게 공부하라고 말한 적은 내 기억으로 한 번도 없다. 나도 부모님에게 그런 말을 듣지 않고 자랐기에 당연했다. 물론 주야장천 스마트폰만 만지고 있거나 책상 앞에 앉아 상한 머리를 손보는 시간도 많았지만 일단 두고 보았다.

게다가 딸은 그날 학교에서 일어난 일을 매우 자세하게 얘기해주므로 둘이 이야기에 한참 빠져들어 있다 보면 시간이 훌쩍 지나가기도 했다. 속에 있던 얘기를 다 털어놓은 후에는 무거운 짐을 벗어던진 듯 가뿐하게 공부 자세를 취하기 때문에 '뭐, 괜찮겠지.'라는 생각이다.

딸은 이렇듯 일상 속에서 부모에게 공부하라는 말을 절대로 듣지 않는다는 확신이 있기에 자기 나름의 스케줄에 맞추어 책상에 엉덩이를 붙일 수 있는 것 같다. 우리 집에서 '가르치지 않는 교육'이란, 내버려두기, 지켜보기 교육이라 바꾸어 말해도 좋다.

하지만 결과가 좋은 지금이니까 할 수 있는 말일 뿐, 처음부터 그런 방법을 쓴 것은 아니었다. 돌이켜보면 나는 나쁜 엄마였다. 처음으로 내게 와준 여자아이가 귀엽고 사랑스러워서 딸의 미래는 생각하지도 않고 귀하게만 다루고 보호하며 애정을 쏟았다. 그야말로 온실 속 화초로 키웠다. 결국 딸은 응석받이가 되었고 나는 딸을 나의 분신이라 여기며 아무도 못 건드리게 했다.

그런데 아이가 유치원에 다닐 때였던가? 온실 밖으로 한 걸음도 나가지 못하도록 소중하게 키워온 딸이 나와 다른 가치 판단을 하고 자아를 갖기 시작하자 나는 충격을 받았다. 그때까지 나는 딸을 옭아매고 어쩌면 딸의 인생까지 크게 망가뜨릴 뻔한 실수를 범한 것이었다.

나는 헛헛함을 삼키며 딸을 온실 속에서 꺼내주었다.

그 후부터는 부모라는 위치를 지키면서도 한 사람의 인간으로서 딸과 눈높이를 맞추어왔다고 믿는다. 상식이 아닌 내 마음을 전하고 아이의 의견을 들어주며 함께 길을 찾으면서 지금에 이르렀다.

딸과 나의 관계가 개선되자 삐걱거리던 가족관계도 천천히 제자리를 찾았다. 남편도 나처럼 공부하라는 말은 한마디도 입에 담지 않았지만 상당한 압박감을 주었다(본인은 전혀 그런 적이 없다고 하지만). 시험 결과를 보고 격려하고 기대감을 표현하면서도 쉽게 칭찬하지 않았다. 그래서 딸이 반발한 시기도 있었지만 결국 '아버지가 어떻게 말씀을 하시건 나는 나.'라는 자각을 갖고 훌훌 털어버린 듯했다.

딸은 그즈음부터 공부하는 감각을 자연스레 익히는 듯하더니 성적도 올랐다. 이렇게 아빠가 적당히 압박감을 주고 엄마가 대화 상대(스트레스를 발산할 수 있는 대상)를 맡음으로써 역할 분담이 저절로 이루어졌다. 물론 남편과 내가 목표를 공유할 수 있었기에 가능했다.

"네가 성적이 오르건 떨어지건 나하고는 관계없는 일이야. 네 인생은 스스로 알아서 개척하렴."

딸의 시험 결과가 기대에 못 미쳤을 때 내가 한 말이다. 너무 가시 돋힌 듯 차갑게 들릴지도 모르지만 딸은 오히려 이 말에 부담을 덜었다고 한다. 대학교 입시는 하나의 과정일 뿐이니 더 먼 미래를 내다보고 두 발로 당당히 나아가기를, 부모로서 바란다.

긍정적으로 끝맺는 대화법

학교나 가정에서 자녀에게 주의를 줄 때에는 말투에도 신경을 써야 한다.

나는 학생에게 주의를 줄 때 우선 긍정적인 말을 건네고 주의를 주고 싶은 내용을 말한 후에는 다시 긍정적인 말로 끝을 맺도록 노력한다.

자리는 학생과 같은 방향을 향하도록 가능한 한 옆에 앉는다. 팔짱을 끼거나 발을 꼬는 등 위압적인 태도를 보이지 않고 될 수 있으면 학생과 대등해질 수 있는 자세를 취한다. 그리고 천천히, 부드럽게 말을 건넨다.

지각이 잦아진 학생에게는 "요즘 가정 학습이랑 동아리 활동을 열심히 하더구나. ○○선생님도 칭찬하시더라. 넌 어때?"와 같은 질문으로 대화를 유도한다. 학생이 말할 때는 진지하게 듣는다. 학생은 지각한 것 때문에 불려왔음을 이미 알기 때문에 교사가 말하기 전에 학생이 먼저 지각에 대한 이야기를 시작한다.

그러면 "어떻게 해야 지각을 하지 않을까?"라고 말을 이어간다. 여기에서 주의해야 한다. "왜 지각했는가?"가 아니라 어떻게 하면 지각을 하지 않을 수 있는지 물어보는 것이다. 개선점을 찾을 수 있는 말투를 선택해야 한다.

왜 지각을 했느냐는 질문은 학생으로 하여금 지각한 이유를 찾느라 부정적인 마음을 갖도록 하며 본인이 잘못된 인간형이라고 자책하게 만든다. 어떻게 해야 지각을 하지 않을지 물어보면 지각한 이유를 찾으면서도 앞으로 어떻게 해야 할지를 염두에 두기 때문에 개선하려는 의지를 갖는다.

다른 예로, 수학 성적이 별반 좋지 않은 아이에게 "수학을 왜 이리 못하느냐?"고 따지면 그 이유를 찾는 데 급급하다. "어떻게 하면 수학을 더 잘할 수 있을까?"라는 질문으로 바꾸기만 해도 시점이 미래로 향한다.

부모와 교사, 학생이 함께 면담하는 자리에서도 부모는 "이 아이가 영어를 못해서⋯⋯."라며 주눅 든 모습을 보이는 대신 "어떻게 하면 영어를 잘할 수 있을까요?"라고 말하면 된다.

언어의 힘은 위대하다. 과거에는 불가능했던 일을 미래에는 해낼 수 있다는 깨달음을 줄 수 있도록 표현해야 한다. 그러면 아이는 부모나 교사가 주의를 주어도 긍정적으로 받아들이고 잘못을 빨리 개선하려 할 것이다.

부모나 교사가 긍정적인 말을 건네기 위해서는 세심한 관찰이 필요하다. 아이가 이룬 성과나 개선된 사항을 민감하게 포착해서 반응하자. 아이들이 긍정적인 마음을 갖도록 어른들이 긍정적인 표현을 늘려가기 바란다.

부모의 마음을 전하는 타이밍

학교에서 하는 가르치지 않는 수업이 방임이 아니듯 가정에서 하는 가르치지 않는 교육 역시 방임과는 다르다. 공부하라는 말을 굳이 하지 않아도 그 마음이 전달되기 바라는 심정은 충분히 이해한다. 중요한 것은 마음을 전하는 타이밍이다.

아이가 학교나 학원에서 돌아와 지쳐 소파에 드러누워 있을 때 공부하라고 하면 반항만 되돌아올 것이다. 게임이나 좋아하는 취미에 몰두하고 있을 때도 마찬가지다. 제일 좋은 타이밍은 자녀가 기분 좋게 말을 걸어올 때다.

일상적으로는 욕조에 몸을 담고 있을 때나 함께 식사를 할 때가 좋겠지만, 부모도 바빠서 매일 함께 지낼 시간을 갖기란 어려울지도 모른다. 주말에 외출할 일이 생긴다면 이때를 기회로 삼자. 중요한 메시지는 가능한 한 평화롭게, 여유로운 시간에 전해야 효과가 있기 때문이다.

내가 아이와 제일 느긋하게 이야기를 나눌 수 있었던 때는 논에서 모를 내면서였다. 지바 현 소사(匝瑳) 시에서 휴작 농지를 이용한 논농사 프로젝트(SOSA Project)를 실시했는데, 우리 부자도 1년간 도전한 적이 있다. 이 프로젝트를 통해 다양한 업종에 종사하는 사람들이 일하면서도 경작할 수 있다는 목표를 갖고 도전했다. 당시 초등학교 5학년이었던 아들과 모내기부터 시작해 벼를 베기까지 모두 10번 정도 도쿄와 지바를 오갔다.

논에는 사계절을 감상할 수 있는 다채로운 시간이 흐른다. 휴대 전화나 게임기도 논에 들고 갈 수 없다. 무념으로 잡초를 뽑는 시간만 흘러간다. 작업이 단순하기 때문에 자연스레 대화도 하게 된다. 이처럼 여유로이 흘러가는 시간을 도시에서도 느낄 수 있을까? 유원지에서 놀이 기구에 타려고 긴 줄에 서서 기다리는 시간을 논에서 보내는 시간과 같다고 할 수는 없다. 아이와 함께 자연 속에 몸을 맡기고 계절의 변화를 공유하며 대화에 깊이 빠져들어보기를 권한다.

대화를 할 때는 아이가 하는 말에 귀를 기울여야 한다. 억지로 부모의 생각을 고집하지 말고 강물과 같은 자연스러운 흐름을 소중히 여겨야 한다. 그 안에서 사회 변화나 훗날 필요한 능력 등을 가볍게 꺼내면 좋을 것이다. 부모로서 자식에게 바라는 점도 넌지시 담아주면 효과적이다. 중요한 점은 부정형이나 명령형 말투를 쓰지 말아야 한다는 것이다. "앞으로 사회가 크게 변하면 스스로 생각하고 행동할 능력 없이 살아가기 힘들어. 그러니까 날마다 공부 열심히 해야지."가 아니라 "앞으로 사회가 크게 변하면 스스로 생각하고 행동해야 할 거야. 공부하면서 배경지식을 쌓아두면 여러 가지 일에 도전할 수 있겠지?"라는 희망을 이야기한 후에는 "잘 해낼 수 있도록 함께 노력하자."라는 응원의 메시지도 전한다. "함께 노력하자."라는 자세야말로 아이들에게 안도감을 주는 표현이 아닐는지.

일방통행으로 적어내려간 자녀를 향한 마음

부모는 아이와 천천히 깊은 대화를 나누는 시간이 귀한 줄 알지만 일에 쫓기다 보면 마음을 전할 타이밍을 자주 놓친다.

나도 일이 겹쳐서 아들과 충분히 소통할 시간을 갖지 못한 때가 있었다. 그때 교환 노트 'Seize the day'를 이용해보기로 마음먹었다.

학교에서는 잡무에 쫓겨 학생 한 명 한 명과 소통하기 어려운 점을 개선하기 위해 교환 노트를 시작했는데, 아들을 위해서도 교환 노트가 안성맞춤이라는 생각이 들었다. 노트를 한 권 준비해서 당시 초등학교 6학년이었던 아들에게 전하고 싶은 메시지를 적어내려갔다.

그러나 아들은 좀체 답장을 써주지 않았다. 하지만 읽기는 하는 것 같아서 나는 메시지를 계속 보냈다. 결국 이 노트에서 아들이 적은 글을 보지는 못한 채 나 혼자 일방적으로 마음을 전하는 날이 이어졌다.

그런데 아들이 중학교에 입학하고 얼마 후 대화 중에 교환 노트에 대해 입을 여는 것이 아닌가? 한 번 더 교환 노트를 하고 싶다고 아들이 먼저 말해준 것이다. 답장을 적지 못해 미련이 남았나 보다. 이렇게 아들과 다시 교환 노트를 시작했다.

노트에 적는 작업은 시간이 걸리지만 생각에 깊이를 더할 수 있다. 전에 쓴 내 메시지를 다시 읽어보고 너무 많은 내용을 과하게 담았구나 싶었다. 일상적인 대화를 나누다가 이따금 마음속에 있는 얘기를 풀어놓는 정도로 뜸을 들이며 이어가는 게 중요한 것 같다.

교환 노트는 아이가 글을 쓰기 시작하는 연령이 되면 언제든 시작할 수 있다. 동료 교사는 유치원에 다니는 아이와 교환 노트를 시작했다. 이제 겨우 글자를 배우기 시작했으므로 글자를 알아가는 흐뭇한 과정이 고스란히 기록으로 남을 것이다. 마음을 표현하고 싶으니까 글자를 배운다는, 어학 학습으로서 중요한 첫걸음이 되리라 믿는다.

아이에게 전하고 싶은 네 가지 키워드

내가 학년 주임으로서 중요하게 생각하는 키워드 네 가지를 소개하고 싶다. 가정 교육에도 적용하기를 바라는 마음으로 각각의 단어에 담긴 뜻과 적용 방법을 자세하게 적어보겠다.

네 가지 키워드란 ① forgive 정신, ② 플러스·마이너스 효과, ③ 100회 법칙, ④ 습관을 바꾸는 with이다. 나는 단체 집회나 학년 소식지를 통해 학생들에게 지속적으로 이 키워드들을 전해왔다.

① forgive 정신

forgive의 뜻은 '용서하다'이다. 인간관계가 삐걱거릴 때 용서하는 마음을 갖기란 중요하면서도 힘든 일이다.

남을 용서하는 것 이상으로 어려운 것이 자신을 용서하는 것이 아닐까? 특히 실패를 힐난받으며 자라온 아이들은 실패를 죄악으로 간주하고 자기 부정으로 몰고 간다. 실패는 성공을 위한 단계에 지나지 않는다. 실패를 성공으로 연결하기 위해서는 스스로 인정하고 용서하려는 마음이 필요하다. 자립하기 위해서는 실패를 하나의 단계로서 받아들이며 그것을 딛고 일어설 강인함이 필요한 것이다.

유감스럽게도 일본 아이들의 자아 긍정감은 그다지 높지 않다.

일본·미국·중국·한국 고등학생을 상대로 실시한 조사 결과에서 일본 고등학생의 자아 긍정감이 다른 나라에 비해 낮다고 나왔다. 이 조사에서 "나는 불필요한 존재라고 생각한 적이 있다."라는 항목에 대한 답이 나라마다 큰 차이를 보였다. '그렇다('매우 그렇다'와 '대체로 그렇다'의 합계, 이하 동일)'라고 대답한 학생은 일본이 72.5%, 미국 45.1%, 중국 56.4%, 한국 35.2%로, 일본의 비율이 특히 높다(일본국립청소년교육진흥기구 '고등학생의 생활과 의식에 관한 조사 보고서 개요-일본·미국·중국·한국의 비교'. 2015년 8월 28일).

실제로 학교에서도 시험 점수가 낮거나 상습적으로 지각하는 학생은 "나는 불필요하다."라고 착각하고 본인이 갖고 있는 장점까지 묵살하는 경우가 있다. 개개인마다 다른 특별한 장점은 아무리 실패를 해도 결코 사라지지 않는다. 실패를 했더라도 자신의 고유성을 인정하고 씩씩하게 살아가면 좋겠다.

나는 forgive라는 단어에서 강인함을 느낀다. forgive는 '완전히'라는 의미의 접두어 for와 '준다'라는 의미의 give가 조합된 합성어라고 한다. 즉, "완전히 부여한다."라는 뜻이다. 상대에게는 배려를 주고 자신에게는 허용하는 마음을 주는 것이 forgive 정신이다. 마하트마 간디는 용서를 다음과 같은 말로 표현했다.

The weak can never forgive. Forgiveness is the attribute of the strong.
약한 자는 절대로 용서하지 못한다. 용서는 강한 자의 속성이다.

자신을 인정하고 자아 긍정감을 가질 수 있는 사람은 남에게도 감사하고 실패해도 방황하지 않으며 내면의 강점을 최대한 발휘하는 사람으로 성장한다. 이것이 간디가 말하는 강함이 아닐까 싶다.

② 플러스·마이너스 효과

인생에는 즐거운 날이 있는가 하면 힘든 날도 있다. 아무리 시간을 잘 지키는 사람이라도 늦잠을 자다가 약속 시간에 늦어서 상대에게 불편을 준 적이 있지 않을까? 그럴 때는 어떻게 해야 할까?

우선 지각했음을 마이너스의 상황으로 겸허히 받아들인다. 다음에는 이 마이너스를 어떻게 플러스로 끌어올릴지 생각하고 행동한다. 이렇게 플러스·마이너스의 균형을 맞추어가자는 것이 플러스·마이너스 효과이다.

나는 축구부 고문을 맡고 있다. 전에는 연습에 지각한 부원을 무턱대고 책망했다. 다른 부원들과 따로 연습시키기까지 했다.

그러나 지금은 지각한 이유를 먼저 묻고 이 플러스·마이너스 효과에 대해 이야기한다. 그런 다음 지각으로 자신이나 주위에 어떤 마이너스 효과를 가져다주었는지 생각하도록 한다.

우선 본인에게는 연습을 제시간에 시작할 수 없었다는 마이너스 효과가 있었다. 다른 부원들에게는 함께 연습 준비를 하지 않아 불편을 주었다. 이들 마이너스를 어떻게 플러스로 전환할지 생각할 시간을 준다. 그러면 남들보다 더욱 목청을 높여 연습 기합을

넣거나 솔선해서 마지막까지 정리하는 등 플러스 행동을 취한다.

동아리 활동을 두세 가지 하거나 문화제 등에서 역할이 겹치는 때에도 마찬가지로 플러스·마이너스 효과를 생각하도록 한다. 특별한 의의를 두고 임하는 영어 연극 연습 때문에 다른 동아리의 활동에 참여하지 못하는 경우를 생각해보자. 영어 연극 연습에 참가하는 것은 나쁜 행동이 아니지만 다른 동아리 회원들에게 본의 아니게 피해를 입히게 된다. 이 경우 학생에게 생각할 시간을 제공하면 행동이 바뀐다. 플러스·마이너스 균형이 잘 잡힌 아이는 조금이라도 시간이 나면 마이너스 효과를 남긴 단체에 공헌하려고 힘쓴다.

그 외에도 가정 학습이 뜻대로 되지 않을 때, 친구와 한 약속을 지키지 못했을 때 등 자신이 손해를 입거나 누군가에게 피해를 입힌 경우에 이런 마이너스를 어떻게 만회하여 플러스로 바꿀지 생각하고 행동하려는 노력은 마이너스와 플러스 균형을 잡아주며, 자립하여 살아가기 위해 중요한 요소가 된다.

이렇듯 플러스와 마이너스라는 감각은 훗날 일을 하면서 복잡한 사안을 동시에 수행해야 하거나 '저쪽을 우선시하면 이쪽에 해를 입히는' 경우에 크게 도움을 줄 것이다.

③ 100회 법칙

100회 법칙은 달성하고 싶은 목표가 있을 때 포기하기 전에 100번은 도전해보려는 마음가짐이다.

날마다 야구 배팅을 10번 해도 큰 차이가 없다면 100번 연습한다면 무언가가 바뀔 것 같지 않은가? 축구 리프팅을 100번 이상 연습한 아이는 시합에서 훌륭한 개인기를 선보인다. 영어 교과서를 10번 낭독하는 것으로는 변화를 기대하기 어렵지만 100번 읽으면 몇몇 문장은 저절로 머릿속에 저장될 것이다.

이처럼 일에 진전이 없거나 이도 저도 못하는 상황에서 100이라는 숫자는 손으로 잡을 수 있는 목표가 되고 행동할 계기가 된다. 나는 영어 연극을 지도할 때도 100번 읽기라는 연습법을 쓴다. 문자 그대로 벽이나 거울을 보면서 대사를 100번 연습하는 것이다. 단 한 줄의 대사라도 100번 반복하기란 그리 쉽지 않다. 그러나 100번을 반복하는 사이에 내면에서 무언가가 바뀌어가고 있음을 실감할 것이다.

목표를 이루기 위해서는 재능이나 감각보다 100회 법칙처럼 작은 과정을 반복하고 이어가는 끈기가 필요하다. "영어를 잘 못하겠다.", "단어를 외우기 힘들다."라고 고민하는 소리를 들을 때마다 나는 100번은 해보라고 말한다. 공부하는 습관이 익숙하지 않은 학생에게는 작은 연습이라도, 짧은 시간이라도 100일만 계속해보라고 한다.

100회 법칙은 근성을 갖고 100회를 100일 동안 이어감으로써 작은 일의 반복이 성공으로 이어진다는 자각을 심어주기 위한 내 당부다.

④ 습관을 바꾸는 with

한 번 몸에 밴 습관을 바꾸기는 쉽지 않다. 특히 공부하는 습관을 들이지 못하는 학생으로서는 큰 고민거리다. 공부하지 않는 습관을 바꾸려면 작은 일부터 반복하기를 권한다.

도쿄(東京) 대학교 마쓰우라 가쓰미(松浦克美) 교수는 학생들을 상대로 강연할 때, 숙제 외에 10분이라도 자기를 위해 공부하라고 말한다. 수동적으로 숙제만 하지 말고 단 10분이라도 스스로 무엇을 할 것인지 생각하고 공부하는 것이 자립한 학습자가 되는 첫걸음이다.

그러나 아무리 10분이라도 습관으로 만들기 어려워하는 학생도 있다. 그런 학생에게는 하고 싶은 일을 하면서 공부할 재료를 가까이에 두도록 권한다. 이를테면 텔레비전을 볼 때 영어 교과서를 근처에 놓아두는 식이다. with는 '~와 함께'라는 의미이므로 텔레비전 시청하기 with 영어 교과서다. 광고가 흐르는 사이에 교과서의 특정 페이지를 세 번 소리 내어 읽겠다는 규칙도 정해놓는다. 이렇게 하면 광고 시간에는 공부하는 셈이 된다. 텔레비전을 본다는 행위야말로 습관일 경우가 대부분이므로 모든 프로그램에 재미를 느끼지는 않는다. 그럴 때는 텔레비전을 본다는 주된 활동보다 소리 내어 읽는다는 부수적 활동에 재미를 붙이거나 중요성을 인식하기도 한다. 부수적 활동을 주된 활동으로 바꾸어가면서 습관의 변화를 일으키는 것이다. 이것이 습관을 바꾸는 with다.

학교에 오가는 시간이나 욕조에 몸을 담그고 있을 때처럼 생활하면서 반드시 거치는 활동 속에 잠깐 공부를 집어넣음으로써 다음 공부에 동기를 부여할 수도 있다. 추천하고 싶은 방법은, 물에 녹지 않는 유아용 크레파스를 이용해 욕조 안에서 영어 단어나 한자 쓰기를 연습하는 것이다. 욕조 안에서 연습하는 습관이 '더 해야겠는데……'라는 동기로 이어진다면 성공이다.

다음에 열거한 예들을 생활에 적용해보기 바란다.

<습관을 바꾸는 with의 예>

- 종이에 외우고 싶은 단어를 적은 후 비닐로 코팅해서 입욕할 때 들고 들어가기
- 방수가 되는 CD플레이어를 들고 들어가 입욕 중 영어 듣기 훈련하기
- 입욕 중에 유아용 크레파스를 사용해 한자나 영어 쓰기 연습하기
- 컴퓨터나 스마트폰을 보는 동안 영어 음성 틀어놓기
- 좋아하는 곡을 한 곡 들은 후에 수학 문제 하나 풀기
- 음악에 맞추어 교과서 낭독하기

위에 소개한 네 가지 키워드는 자녀들이 문제에 부딪혔을 때 해결하는 힌트를 제공한다. 이들 키워드를 반복해서 인식하다 보면 스스로 해결하려는 자립심이 커질 것이다.

학교나 가정에서 응용할 수 있는 키워드이므로 아이들에게 습관적으로 일러주기 바란다.

스마트폰에 빠져 있는 아이를 어떻게 할까?

아이는 어른을 본받는다. 아이가 집에서도 학습하기 원한다면 먼저 부모가 배움을 즐겨야 한다.

최근 문제가 되고 있는 스마트폰 사용도 마찬가지다. 료고쿠 고등학교 부속중학교에서는 스마트폰을 가지고 등교할 수 없다. 고등학교에서는 특별한 규제가 없으나 수업 중에 스마트폰을 만지작거리는 학생은 없다. 쉬는 시간이나 방과 후 자유 활동 시간에는 잠깐씩 사용하는 모습을 보지만, 방과 후 자유 활동은 긴장감 도는 수업에서 해방되는 시간이므로 다소 여유를 갖도록 허용한다. 교실을 내 집 거실처럼 느끼면 좋겠다는 바람 때문이다. 그런데 최근 말하는 사람을 앞에 두고도 스마트폰을 만지작거리는 모습이 늘었다. 나는 그런 행위가 발언자에게 얼마나 모멸감을 주는가에 대해 충고했다. 상대가 기분 나빠 하는 줄 모르는 학생에게는 알려주어야 한다. 학생들은 이야기하는 동안에 눈앞에서 스마트폰을 만지는 것이 실례인 줄 알고는 있다. 그럼 알고도 왜 그런 행동을 할까?

나는 어른의 책임이라고 생각한다. 페밀리 레스토랑에서 식사를 하다 보면 스마트폰을 보고 있는 부모가 상당히 많다. 그 모습을 보는 자녀는 스마트폰을 만지고 싶어 한다. 시끄럽게 소란을 피우는 자녀에게는 스마트폰 영상을 보여준다. 그러면 아이들은 조용해지고 부모는 다시 자기들의 대화에 빠져든다. 이런 광경을 보고 있으면 아이들이 사람들 앞에서 스마트폰을 만지작거리는 행위의 문제점을 느끼지 못하고 심지어는 의존하는 것이 당연하다는 생각이 든다.

학교에서 스마트폰을 만지는 학생을 적발해 문제 삼는 것을 심하다고 비난하는 부모들이 있는데, 그러기 전에 집에서 스마트폰을 얼마나 사용하고 있는지 돌아보기 바란다. 가족이 소통할 수 있는 귀중한 식사 시간에 부모가 스마트폰을 보고 있으면 자녀도 따라 하지 않겠는가? 상대가 이야기하는 동안에도 뭐 어떻겠냐는 감각이 무의식적으로 자리 잡고 만다.

스마트폰은 부모 세대에게도 신개념 아이템이므로 매력적이긴 하다. 그러나 세심한 주의를 기울이지 않으면 그 기계들에 우리 삶이 지배당한다. 물론 기계들을 사용하지 않을 수는 없다. 하지만 아이에게 스마트폰을 주려면 기계를 어떻게 다루어야 하는지 분명하게 이야기해주어야 할 것이다. 규칙을 정하고 여러 차례 아이와 대화를 나누는 것이 좋다.

그럼 어떤 규칙을 만들면 좋을까?

요네나가 다모쓰(米長 保, 보건체육, 현 우에노고등학교 교사) 선생님이 딸에게 정해준 스마트폰 사용 규칙을 소개하겠다. 표현은 사무적이고 딱딱하지만 마음이 담긴 정감 있는 규칙이니 참고하면 좋을 듯하다(171쪽 참조).

가정에서 규칙을 만들 경우에는 규칙만 획일적으로 나열하지

계 약 서

　나는 돌아오는 4월부터 고등학생으로서 학습에 몰두하고 학교생활에 충실하며, 희망하는 진로를 실현하기 위해 고민하고 번민하면서 나아가기로 결의한다.

　또 고등학교 입학과 동시에 해금(解禁)되는 스마트폰 계약 및 사용에 관해서는 집에서 정하는 다음 규칙을 준수할 것을 맹세한다.

　만에 하나 다음 사항을 위반한 경우에는 계약 및 사용 방법에 대한 일체의 책임은 부모의 의도대로 변경·해지가 가능함을 숙지한다.

- 다 음 -

1. 스마트폰은 어디까지나 보조적인 기기임을 자각할 것.

　따라서 가족 간 연락 및 필요할 때만 최소한 사용하는 것을 원칙으로 한다. 친구끼리 문자로 도배를 하거나 가족끼리 단란한 시간을 보내는 중에 문자는 엄금한다.

2. 기본요금만 가계에서 인정하고 있음을 인식할 것.

　기본요금을 초과한 요금은 본인 용돈에서 낸다.

　필요할 때만 최소한 사용하는데 기본요금을 초과할 리 없다.

3. 스마트폰은 DMB 시청이나 인터넷 게임을 위한 도구가 아님을 인식할 것.

　그런 곳에 사용하라고 스마트폰을 사주어 고등학교 생활을 낭비하게 할 생각은 없다.

　그보다도 감사하는 마음으로 가족이나 친구와 얼굴을 맞대고 인사하는 것이 중요하다.

4. 고등학생으로서 기본적으로 스마트폰은 불필요함을 인식할 것.

　고교 생활은 넓은 사회로 나아가기 위해 자기 삶을 모색하는 나날로 채워져야 한다.

　따라서 잠잘 때 침대에 갖고 들어가서 문자를 주고받거나 스마트폰만 들여다보는 생활은 무의미하다. 그보다 좋아하는 책을 한 글자라도 더 읽거나 마음이 통하는 사람에게 편지를 쓰는 것이 훨씬 고등학생다운 모습이다.

5. 이상, 늘 이야기하지만 다른 가정에서 보기에는 엄격한 조건이라고 생각할 때가 있더라도 그것이 우리 집의 방침이며 당신은 우리에게 소중한 가족임을 자각할 것.

말고 전하고 싶은 마음을 덧붙이는 것이 중요하다. 규칙 위반을 반복하다 실패한다 해도 그때마다 부모의 애정을 느낄 수 있기 때문이다.

어른의 근무 환경과 가정에서 하는 가르치지 않는 교육

이제 사회와 교육의 관계에 관해 이야기를 풀어나가겠다.

아이들의 행복을 위해서는 어른이 일하는 환경도 바뀌어야 한다고 본다. 학교나 가정에서 가르치지 않는 수업을 꾸준히 이어가려면 아이들과 어울리는 시간을 소중히 여겨야 한다. 그러나 현대는 맞벌이 가정이 많고 한 부모 가정도 늘고 있다. 일하는 방식도 다양해졌기 때문에 현실적으로 부모와 자식이 함께 저녁을 먹기도 어렵다.

교사들은 해마다 바빠진다. 토요일 수업이 일상이 되고 일요일에 학교 설명회 등의 홍보 활동이나 동아리 활동 인솔 등이 끼어있으면 몇 주 동안 쉬지 못한다. 평일에는 꽉 짜인 수업 스케줄 때문에 연차를 쓰기는 실질적으로 어렵다.

나는 일본의 교사들이 수준 높은 멀티플레이어라고 자부한다. 이런 가혹한 노동 환경에서도 일을 해내기 때문이다. 날마다 밤늦게까지 수업 준비를 하고 주말에도 출근하면서 열심인 이유는 학생들을 사랑하기 때문이며, 사랑하는 학생들을 앞에 두고 수업을 엉터리로 하고 싶지 않기 때문이다. 일본의 학교는 사실상 이런 교사들을 버팀목으로 아슬아슬하게 운영되고 있다.

기업도 마찬가지가 아닐까? 인원 감축으로 한 사람이 감당해야 할 업무량이 늘었음에도 다들 일 외의 '무언가'를 희생해가면서 늘어난 일을 처리하느라 분투하고 있지는 않는가? 희생하고 있는 '무언가'에 육아도 포함되어 있지는 않는가?

이렇게까지 일하는 어른을 보며 자녀가 무엇을 느끼는지 어른은 마음을 열고 이해하려 하는가?

> 일본정부는 모든 기업이 의무적으로 남성 직원에게 육아 휴직을 제공하도록 한다. 옳은가, 그른가?
>
> (Resolved: That the Japanese government should oblige all employers to make childcare leave mandatory for male employees.)

고등학교 2학년 영어 표현 수업에서 사용한 토론 주제였다. 준비 단계에서 "의무화해야 한다."라는 학생에게 그 이유를 물어보니, "아버지가 필요할 때 안 계셨다.", "부모님과 같이 놀 시간이 더 많기를 바랐다.", "혼자 저녁을 먹는 게 외로웠다.", "가족이 함께 보내는 시간이 적었다." 등의 목소리가 많았다. 일하는 부모로서는 가슴에 사무치는 말들이었다. 자녀들은 견디어온 것이다.

맞벌이가 옳지 않다거나 날마다 귀가해서 반드시 가족과 함께 식사를 해야 한다는 뜻은 아니다. 바쁘더라도 자녀와 함께 지내는 시간을 소중히 보내기 위해 할 수 있는 일을 찾으면 된다. 휴일 전날 밤에는 술자리에 나가지 않는다고 정해놓는 것은 어떨까?

오히려 평소보다 일찍 귀가해서 온 힘을 다해 아이들과 놀아주는 것이다. 휴일 전날이라고 밤늦게까지 술을 마시면 다음 날 이불 속에서 하루를 보내게 된다. 그러면 자녀 또한 휴일을 무의미하게 허비해버린다.

새로운 공부를 시작해도 좋다. 앞에서도 말했듯 부모가 배움을 즐기는 모습은 공부하라는 말보다 훨씬 효과적이다. 자녀가 책을 읽기 바란다면 부모가 독서하는 모습을 보이는 것이 가장 빠르다. 자녀가 운동이나 악기를 배우기 바란다면 역시 함께 시작하는 것이 제일이다. 가르칠 필요는 없다.

자녀와 함께 활동하지 못하더라도 '보고 있음'을 알려줄 필요가 있다. 아이는 부모가 자신을 지켜보고 있는지 항상 예민하다. 스마트폰 화면은 몇 번이고 볼 수 있지만 순간순간 지나치는 아이의 표정은 두 번 다시 보지 못한다. 아이가 혼자 놀고 있을 때 스마트폰에서 손을 놓고 가만히 관찰해보기 바란다. 아이는 몇 번이고 부모에게 시선을 보내고 있음을 알게 될 것이다. 이때 눈을 맞추어주어야 한다. 작은 변화를 발견하고 표현해주어야 아이는 마음을 놓는다.

아이들의 미소는 어른의 삶을 먹고 자란다. 가르치던 손을 놓고 함께 배우는 존재가 되어야 한다. 아이들이 행복해지도록 어른들의 업무 방식이 바뀌기를 소망한다.

가르치지 않는 수업을 사회에 적용하는 방법

직업 체험 프로그램을 도입하는 중학교가 많기 때문에 학생들은 해당 지역의 기업이나 상점에서 일을 체험하면서 가치나 보람, 혹은 어려움을 느낄 기회가 있으리라 본다. 고등학생에게도 이렇게 사회와 연대하는 체험을 할 기회가 필요하지만 적절한 프로그램이 현실적으로 없다. 그러던 차에 나는 주식회사 교육과탐구사[2]에서 지원하는 '퀘스트 에듀케이션(Quest Education)' 프로그램을 만났다.

퀘스트 에듀케이션은 2005년에 시작한 교육 프로그램으로, 사회와 연동하면서 '살아가는 힘' 기르기를 목적으로 한다. 학생들은 수업 시간에 실제 기업들에서 출제한 답이 없는 과제(이 프로그램에서는 '미션'이라고 한다.)에 팀별로 도전하여 자유로이 사고하고 느끼며 표현한다. 그러고 나서 해마다 2월에 실시하는 프레젠테이션 전국 대회에 참가하기 위해 기업이 제시한 과제에 답하는 형식으로 프레젠테이션을 준비한다. 학생 인턴 자격으로 그 기업의 일원이 되어 문제를 해결하는 것이다.

2015년에는 전국 81개 학교에서 중·고등학생 약 1만 명이 이 프로그램에 참여했다. 그리고 이듬해 2월에 예선을 통과한 72개 팀이 본격적으로 경합하는 '퀘스트컵(Quest Cup)'이라는 프레젠테이션 전국 대회가 대대적으로 치루어졌다.

---

2) 교재 기획 및 판매, 교육 지원 사업을 하는 회사.

퀘스트컵 대회에 참여한 기업들이 출제한 과제 중 '우리가 세계를 바꾸자! 72억 인구의 마음을 움직일 다이와하우스 신상품 개발하기'를 연구한 팀에서는 주택 건설사인 다이와하우스의 기술로 몽골의 이동식 주거인 게르(Ger)를 개량해 도쿄 올림픽을 개최할 때 부족한 숙박 시설이나 휴게소로 사용하자는 아이디어를 냈다. 이동이 가능하므로 올림픽이 끝난 후에는 다음 개최지로 옮겨서 재사용할 수도 있다. 이 아이디어에 다이와하우스의 직원이 조언을 해주고 팀원들은 여러 차례 수정 작업을 하여 대회에 응모했고 예선에서 가작을 수상했다. 카드 회사인 크레디트세존(Credit Saison)에서 출제한 "우리가 세계를 바꾸자! 결제 시스템을 활용해 사회 문제를 해결하는 혁신적 서비스를 제안하자!"라는 과제를 연구한 팀에서는 신용 카드를 이용한 교육 자금 원조 방법을 제안했다. "돈이 없어 꿈을 포기하는 청년을 지원하자."라는 아이디어가 높이 평가받아 예선에서 우수상을 수상했고 전국 대회 본선에까지 진출했다. 입상은 놓쳤지만 전국에서 모인 중·고등학생의 발상을 보면서 자극을 받는 듯했다.

대회에 참가했던 학생들은 교내 발표회 후 다음과 같은 후기를 적었다.

현실적으로 파고들다 보면 발상의 유연함을 잃어버리게 되고, 모든 것을 담아내려 하면 허황된 꿈이라 실현하기 어려워진다. 새로운 것을 만들어내는 일이 이렇게도 힘든지 뼈저리게 느꼈다.

불가능한 일, 어려운 일에 직면했을 때 아이디어를 휴지통으로 집어넣기 전에 결점을 어떻게 보완할지 고민하는 것. 완벽하게 해결되지 않았다고 해도 아이디어는 아이디어로서 보존하는 것. 상식과 비상식의 중간 지점을 발견하는 것. 어렵지만 고민할 가치가 있었다.

이런 활동을 통해 학생들은 사회에서는 늘 답을 찾기 어려운 문제에 직면해야 한다는 것을 깨닫게 되고, 이는 공부할 이유를 찾는 데 중요한 역할을 한다.

겹겹이 둘러싼 울타리 걷어내기

교사와 학부모 들은 무의식중에 아이들에게 많은 울타리를 치고 있다. 어릴 적 여름 방학 숙제를 떠올려보자. 무언가를 주체적으로 학습한 기억이 있는가? 21세기를 살아가는 지금도 숙제나 과제가 주는 의무감은 버겁기만 하고 주체적으로 숙제를 하는 학생은 드물다. 그래서 나는 학생들이 능동적이고 주체적으로 숙제를 해결할 수 있도록 두 가지 방법을 고안했다.

첫째, 한 가지 숙제를 친구들과 협력해서 해결하는 것이다. 네 명이 하나의 모둠을 만들어 각자 의견을 적거나 네 명의 숙제를 하나로 정리해 제출하도록 하는 방법이다. 액티브 러닝 활동에서도 상대를 도움으로써 동기를 이끌어냈다. 숙제 역시 모둠에 힘을 보탠다는 개념으로 동기 부여를 할 수 있다.

둘째, 직접 숙제를 선택하는 것이다. 장기 휴가를 보내는 방법은 학생에 따라 다르다. 여름 방학 동안에 자연이 풍부한 곳으로 떠나는 학생도 있을 것이다. 이런 아이는 '시골의 어떤 점이 좋은지 영어로 소개하기'와 같은 주제로 학습해야 진정한 공부가 된다.

다른 교과목도 마찬가지다. 교과 과제도 각자 다를 테니 학생들이 저마다 목표를 정하고 숙제를 선택하도록 하면 좋을 듯하다. 고등학교 2학년 겨울 방학 때는 학생들이 영어 숙제를 스스로 결정했다. 각기 다른 과제에 맞게 숙제할 종류와 양을 생각해 미리 제출한 뒤 방학이 끝나면 숙제 결과를 보고서 용지 등에 정리해 제출했다. 「모모타로 이야기」를 영어로 번역하기, 영어 뮤지컬을 일본어로 바꾸기, 영어로 영화를 본 후 대사 완성하기, 문법 예문의 주어를 좋아하는 아이돌로 바꾸어 외우기 등, 다양하고 주체적인 학습 방식을 볼 수 있었다. 숙제를 제출하는 비율도 과거보다 훨씬 높았다.

정기 고사가 끝난 후, 혹은 학기 말에 실시하는 수업 평가 설문에도 교사가 울타리를 겹겹이 쳐놓지는 않았는지 고민해야 한다. 나도 과거에는 영어 수업에서 학생들이 평가해주길 바라는 질문을 To Do 리스트로 만들어 학생들은 체크만 하도록 했다.

그러나 사회에 나가면 To Do 리스트를 본인이 직접 만들어야한다. 질문 내용을 교사가 만들어버리면 "당신은 선생님이 쳐놓은 울타리 안에서 학습하고 있습니까?"라고 묻는 설문지로 변질되고 만다.

수업 내용을 평가하기 위해 어느 방법이 좋을지 고민하던 중에 다구치 히로아키 선생님의 설문지를 접했다. 다구치 선생님이 만든 학습 평가 설문지에는 "이번 학기에 다구치가 수업에서 중요하게 다룬 20가지 포인트를 모두 적으시오."라고만 제시되어 있었다. 학생들은 모둠을 만들어 의논하면서 20가지의 답을 추려낸 후 칠판에 적어 공유한다. 기억이 가물가물하던 학생도 칠판에 가득 적힌 키워드를 보면서 자신의 생각에 가까운 질문을 선택해 설문지를 완성할 수 있도록 한다.

이 평가 방법을 영어 수업에서도 사용해보았다. 고등학교 1학년 마지막 학기에 실시한 수업 평가에서 학생들은 다음과 같은 의견들을 적어주었다.

[수업 평가 설문지]
1년 동안 야마토가 영어 수업에서 중점을 둔 20가지 사항을 항목별로 작성하시오.
영어로만 대화하기 / 흉내 내기 / 생각을 자기만의 언어로 서술하면서 깨닫기 / 가능한 한 여러 친구들과 영어로 말하며 함께 실력 쌓기 / 두려움 없애기 / 어휘력 늘리기 / 문장을 통해 문법 익히기 / 실제로 외국에서 사용할 수 있는 영어 가르치기 / 일본 밖 세상을 바라보기 / 여러 관점으로 이해하기 / 적극적으로 주장하기 / 영어를 통해 세계와 교류하기 / Say "Thank you." / 반복 학습 / 일본어 금지 / 이유 생각하기(말하기) / 플러스·마이너스 효과 / forgive 정신 / 감사하기, ⋯⋯.

이 밖에도 다양한 의견이 나왔다. 이 항목들을 읽다 보면 학생들이 배움에 있어 교사의 가르침을 초월한 다양한 가치를 발현하고 있음을 깨닫는다.

소풍과 같은 교내 행사가 끝난 후 평가에도 "시간을 지켜 행동했는가?", "친구와 협동했는가?" 하고 교사가 목록을 내미는 것이 아니라 "이번 소풍에서 선생님들이 추구한 20가지 가치를 적으시오."라고만 제시해놓으면 학생들은 소풍을 돌아보며 주체적으로 생각하기 시작한다.

사회와 학교가 유연하게 맞물리고 아이들이 주체적으로 배우는 힘을 익히기 위해서는 교사가 먼저 조금씩 울타리를 제거해나갈 필요가 있다.

실제로 써먹을 수 있는 영어 공부법

이번에는 외국어와 사회의 접점을 찾아가는 이야기다.

나는 영어 교사로서, 또 부모로서 아이가 습득한 영어 실력이 사회에 나가서 쓸모 있으면 좋겠다. 아이들이 영어에 국한하지 않고 모국어를 제외한 다른 언어를 통해 사물을 양면으로 판단하는 능력을 기르기 바란다. 세계적으로 앞서가는 연구는 대개 영어로 발표되기 때문에 영어가 제일 편리한 언어이긴 하지만, 굳이 영어만 고집할 필요는 없다고 생각한다. 외국어를 알면 해당 언어로 쓴 신문이나 잡지를 읽을 수 있다. 외국어 학습은 사물을 다각적으로 이해하고 시야를 넓히는 데 큰 도움을 준다.

내가 수업하는 교실에는 이런 사실을 이미 꿰뚫은 학생이 있었다.

나카시마 나쓰코(中島なつ子) 양은 고등학교 2학년 겨울 방학 때 보르네오 스터디 투어에 참가했다. 현지 서점을 구경하면서 여러 언어로 번역된 보르네오 문화에 관한 책을 찾고 있었는데, 투어에 동행한 산토 선생님은 일본어 번역판을 손에 들고 있었지만 나카시마 양은 영어판을 들고 계산대로 향했다고 한다.

"우와, 영어판을 사는구나!"라고 산토 선생님이 감탄하자 나쓰코 양은 "틀린 번역을 읽고 싶지 않아서요." 하고 가볍게 대답했다고 한다. 나카시마 양은 번역이라는 과정을 거치면 말의 뉘앙스가 달라진다는 것을 알았기에 원래 언어로 읽고 싶었던 것이다.

외국어를 익힌다는 것은 이처럼 뚜렷한 목적을 갖는 것이자 도구로 사용할 줄 알아가는 것이다. 언어는 도구다. 무엇을 위해 사용하는지 목적이 분명하지 않으면 언어는 도구로서 활용 가치를 잃는다. 배우려는 목적이 분명해졌다면 이제 그 도구를 유용하게 쓸 수 있도록 반복해서 연습하기만 하면 된다.

영어를 자유자재로 구사하기 위해서는 네 가지 기능(듣기, 말하기, 읽기, 쓰기)을 균등하게 배분해 훈련해야 한다. 그러나 고등학교의 영어 교육은 대학교 입시에 떠밀려 읽기와 문법 등의 지식 훈련에만 치우쳐 있다. 읽기 내용이나 문법 수준도 높아져서 '말하기'를 자기만의 언어로 훈련하기에는 지나치게 어렵다.

이런 현실을 조금이라도 개선하고자 내 영어 지도 경험을 『처음 만나는 액티브 러닝! 가르치지 않는 영어 수업』이라는 책으로 정리했다. 이 책 속에는 누구나 네 가지 기능을 지도할 수 있도록 액티브 러닝 활동을 구체적으로 소개했다.

새로 바뀌는 대학교 입시에는 네 기능을 평가하는 시험이 도입될 것이다. 가정에서도 단어 외우기나 문제집에만 의존하지 말고 낭독이나 말하기 연습이 당연하게 이루어져야 한다고 본다.

시험 점수, 입시, 대기업 취직만을 목표로 하지 않는다

시험 점수를 높여 대학교에 합격하고 대기업에 취직하는 과정은 만만치 않다. 만만치 않기에 교사와 부모, 아이 들까지 머리를 쥐어짜며 고군분투한다. 물론 시험에서 좋은 성적을 받는 것은 훌륭한 성과다. 대학교 입학과 대기업 입사를 목표로 삼지 말라는 것도 아니다.

중요한 것은 그다음이다. 시험에서 좋은 점수를 얻어 어떻게 할 것인가? 대학교에 합격한 다음에는 무엇을 하고 싶은가? 대기업에 입사해 도전하고 싶은 일은 무엇인가? 하고 싶은 일이나 꿈을 여러 가지 발견하고 달성하기 위해 훈련하는 과정을 소중히 여겨야 한다고 생각한다.

그러기 위해서는 어른들이 사회에서 왕성한 활동을 펼치는 모습을 최대한 많이 보여주는 것이 좋다. "나도 저렇게 되고 싶다."라고 동경할 만한 역할 모델이 어른들 중에서 많이 나올수록 아이들은 꿈이 많아지고 하고 싶은 일도 늘어난다.

실제로 학생과 면담을 하다 보면 하고 싶은 일이 여러 가지라서 문과와 이과라는 기존의 틀로는 나누기 모호한 경우가 많다. 나는 꿈을 하나로 묶을 필요는 없다고 본다. 하고 싶은 일이 많으면 천천히 생을 바쳐 실현해 나아가기를 바란다. 그러므로 일도 하나로 뭉뚱그릴 필요는 없다. 희망하는 대학교나 학부도 마찬가지다. 꼭 하나만 선택해야 할 때에는 순간적인 감성에 의지하면 된다. 선택받지 못한 일은 다음 기회에 도전하면 되니까.

오히려 꿈이나 하고 싶은 일, 좋아하는 일이 없는 아이들이 염려스럽다. 전철 안에서 핸드폰 게임에 몰두하는 어른의 모습을 아이들은 보고 있다. 어른이 먼저 존경받는 존재가 되면 아이들의 꿈은 자연스레 날개를 펴리라.

미래 사회가 아이들에게 반드시 희망만 안겨주지는 않는다.

머지않아 현재 직업의 일부는 컴퓨터를 비롯한 기계가 대신할 것이라고들 한다. 지금 존재하는 직업이나 기업이 영원하다는 보장은 어디에도 없다. 세상은 급격히 변화하고 불확실성 또한 확대되고 있다. 다가올 사회 변화에는 어른들뿐만 아니라 아이들도 공포를 느낀다.

하지만 아무리 컴퓨터가 발달했어도 뒤지지 않을 기술은 분명 있을 것이다. 컴퓨터가 인간보다 뛰어난 면도 있지만 갖고 있는 지식을 활용해 혁신을 창출하는 능력은 인간이 더욱 월등할 것이다. 타인의 마음을 헤아리는 소통 능력도 인간이 가진 놀라운 힘이다.

사회는 바꿀 수 있다. 컴퓨터가 발달해도 지배당하지 않으며 살면 된다. 아이들에게는 그 힘이 잠재해 있다.

스마트폰이나 컴퓨터에 지배당하고 있지는 않은지 늘 점검하고 컴퓨터나 스마트폰이 해내지 못하는 일은 무엇인지 늘 연구하며 소통 능력을 키우는 것이 중요하다. 컴퓨터를 지배하는 편에 서기 위해 프로그래밍 교육이 영어 교육과 마찬가지로 중시될 것이다.

사회가 어떻게 변하건 자주적으로 강인하게 살아내는 힘이 무엇보다 필요하다. 이런 힘을 키워주는 교육이야말로 교사와 부모, 모든 어른이 감당해야 할 몫이다.

가르치지 않는 교육 이념은 일본의 기존 교육 방법을 크게 뒤집는다. 이 변화를 어떻게 받아들이는가는 교사에 따라 다를 것이다. 내 수업을 참관하는 선생님들의 반응은 극명하게 나뉜다. "지금까지 본 적이 없는 수업이라 나도 해보고 싶다."라는 긍정적인 반응과 "지금까지 본 적이 없는 수업이므로 내게는 미지수다." 혹은 "이렇게 해서는 살아남지 못한다."라는 부정적인 반응이다.

개혁을 시도할 때 가장 방해가 되는 요인은 단단하게 굳어버린 '상식'이다. 학교에는 오랜 세월 굳어진 매우 탄탄한 상식이 존재한다. 어느 학교에서건 중간고사, 기말고사를 중심으로 연중행사 계획을 짠다. 주위를 둘러보기 바란다. 중간고사나 기말고사 없는 학교를 좀처럼 발견하기 어렵지 않은가? 부모 입장에서도 학교에 중간고사나 기말고사가 없으면 불안할 것이다. 이처럼 상식은 매우 강력한 에너지를 발산한다. 살아오면서 쌓은 경험을 토대로 "지금까지 해온 일인데, 다른 방법은 없어."라는 믿음의 뿌리를 박아버린다.

그러나 미래 사회에서 필요한 능력은 기존의 필기시험만으로는 좀처럼 평가하기 힘들다. 대학교 입시 제도 개혁에 맞추어 학교 시험 방식도 개혁하지 않으면 안 된다. 종이에 치우친 시험에서 발표 등을 통한 수행 평가나 에세이(essay)[1] 등의 논술 형식을 접목하는 등 다양한 평가 시스템을 도입해야 한다.

이렇게 주장해도 지금까지 고수해온 시험 방식을 바꾸려면 상당히 큰 반발을 감내해야 한다. 중간고사, 기말고사를 적용한 기존의 방식에 문제가 없으므로 다른 방식으로 대체할 필요가 없다는 '상식'의 벽은 매우 두껍다.

그러나 지금으로부터 10년도 훨씬 전에 중간고사나 기말고사 폐지를 위해 움직인 학교가 있다. 현재 같이 근무하는 스기모토 가오루 선생님은 당시 근무지였던 주오 구립 쓰쿠다(佃) 중학교에서 과감하게 영어 중간고사 및 기말고사를 폐지하고 대신 단원별로 지식 이해를 묻는 필기시험과 말하기 등의 수행 평가를 정기적으로 실시했다.

학생의 성장 속도에 맞추어 적절한 준비 기간을 주고 시험 시

---

1) 짧은 논문식 과제 또는 작문.

기를 선생님이 결정했다. 이 방법을 사용하면 시험 일정에 맞추어 억지로 시험 범위를 수업 시간 안에 끝내려는 악전고투는 사라질 것이다. 학생도 충분한 준비 기간이 주어지므로 학습에 철저히 임할 수 있다.

중간고사나 기말고사를 폐지했다고 해서 학력이 떨어지는 일은 없었다. 게다가 이 시도는 영어 과목뿐 아니라 전과목, 전 학년에서 시도하기에 이르렀다. 스기모토 선생님이 교무 주임, 연구 주임을 맡은 영향도 컸던 데다, 기본적으로 정기 고사를 없애자는 분위기였기 때문이었다고 한다.

나도 이 이야기를 듣고서 당시 직원회의 때 정기 고사에 편중하는 방식에 이의를 제기했지만, 정기 고사 폐지에 찬성하는 선생님은 적었다. 학생이 공부를 게을리한다는 이유에서였다. 그러나 스기모토 선생님은 이렇게 말한다.

"궁극의 학습은 '꾸준함'이에요. 특정한 체제와 분위기에 맞추어 능력을 테스트한다 해도 그것이 영어 실력으로 이어지지는 않거든요. (정기 고사 폐지 후에) 학생들은 평소에 꾸준히 훈련이나 트레이닝 성과를 측정하고 정기적으로 능력 신장을 확인한다는 개념으로 제 수업을 이해해요. 그러니 시험 전에만 집중해서 반짝 효과를 기대한다는 부작용도 발생하지 않지요. 오히려 날마다 공부하지 않으면 대응하기 어렵도록 하고 있습니다."

스기모토 선생님의 이런 취지는 현행 정기 고사에도 반영되고 있다. 정기 고사를 그만둘 수 없다면 날마다 쌓아올린 실력을 측정할 수 있도록 문제를 출제하기로 교사들은 의견을 모았다.

　오늘날 학교에서는 정기 고사를 비롯한 지금까지의 '상식'을 의심하고 개혁할 필요성이 점점 커지고 있다. 하지만 바꿀 때는 반드시 반발이 일어난다. 나 또한 "당신은 뭐든지 바꾸고 싶어 한다."라는 비난을 받기도 했다.

　개혁 자체가 목적은 아니다. 지키고 싶은 것이 있어서다. 지켜주고 싶은 것이 있기에 바꾸어야 한다고 믿는 것이다.

　내가 지키고 싶은 것은 아이들의 미소. 그러나 유감스럽게도 학교에는 아이들의 미소를 지워버리는 요소가 많다. 그래서 나는 바꾸고자 한다.

　지금까지 몇 번이고 좌절했다. 이런 쓰라린 경험을 할 바에야 가르치지 않는 수업을 필두로 여러 개혁에 관한 주장을 더는 하지 말자는 생각도 했다. 하지만 뜻을 관철하고 앞으로 나아갈 수 있었던 이유는 역시 아이들의 웃음 때문이었다. 회의에서 어떤 비판을 받더라도 교실에 돌아가면 언제나 학생들이 웃어주었다.

　같은 설움을 나누는 동료들도 내게 든든한 지팡이다. 동일본대지진의 참상이나 자식을 잃은 선생님의 편지에 적힌 문장도 떠오른다. 이런 생각들을 하면 아무리 힘들어도 아이들의 미소를 지키고 싶은 의지가 강해진다. 그 아이들의 웃는 모습, 동료들의 존재, 아낌없는 격려에 의지하며 앞으로도 흔들리지 않고 나아가리라.

　마지막으로 아이들의 미래를 위해 만든 노래를 소개하겠다. 내가 만든 시에 당시 동료였던 도가노 도모코(栂野知子) 음악 선생님이 곡을 붙여주었다. 영어 연극 주제가로 쓰기 위해 히로시마 원자 폭탄을 주제로 만든 곡이지만 아이들의 미소가 있는 미래를 소망하는 내용이기도 하다. 동일본대지진이 발생한 해에는 피해 지역을 그리며 합창 대회에서도 이 곡을 불렀다. 과거에도 현재에도, 그리고 미래에도 아이들의 웃는 모습을 지키기 위해 교육하고 싶다.

Under the Same Sky

야마모토 다카오 작사, 도가노 도모코 작곡

Under the same sky 그날도 지금 이곳에도
같은 하늘 아래 이어져 있어 너와 우리는

지구가 둥근 건 네가 있는 곳으로 날아가기 위해서야
날개를 활짝 펴 바람을 타고 이 마음 전하러 날아갈게

문득 생각이 나 우리는 혼자가 아니야
친구란 얼마나 소중하고 깊은 존재인지
이제 우리는 하나야 (미소로) 더는 울지 마 (이제는)
함께 날아오르자

Under the same sky 그날도 지금 이곳에도

같은 하늘 아래 이어져 있어 너와 우리는

내가 별이라면 모두의 소원 이루어지도록
빛을 내며 천천히 저 하늘을 흘러갈 텐데

문득 생각이 나 우리가 여기에 있는 이유
작은 우연이 만나고 만나 하나가 되었으니
아무도 남겨두지 말고 (함께) 너와 나 (이제부터)
함께 나아가자

Under the same sky 그날도 지금 이곳에도
같은 하늘 아래 이어져 있어 너와 우리는

푸른 하늘 흔들리는 나무 향기로운 꽃
따스한 햇살도 저 미소도
잃고 싶지 않으니까 이 세상에 마음을 전하자

Under the same sky 그날도 지금 이곳에도
같은 하늘 아래 이어져 있어 너와 우리는

Under the same sky 손을 맞잡고 함께 날갯짓하리
과거를 미래로 이어주는 날개를 활짝 펴고

선생님이 가르쳐주지 않은 것

사자와 마히로(佐澤 眞比呂, 료고쿠 고등학교 3학년)

야마모토 선생님이 우리에게 '가르쳐주지 않은 것'은 정말 많다. 나는 중학교 1학년 때부터 영어 연극에 연출 담당으로 참가했고 고등학교 중반부터 부장으로 전체적인 감독을 맡았다. 이 경험을 중심으로 가르치지 않는다는 것에 대해 적어보려고 한다.

내가 속한 ESS라는 영어 동아리에서는 야마모토 선생님이 만드신 중학교 영어 연극 경험을 토대로 고등학생으로서 직접 뮤지컬을 만들어보기로 했다. 처음에는 9월 문화제와 11월 영어 연극 대회에 나가기 위해 준비했다.

3월에는 제목을 결정했고 대본을 만들어 연습을 시작했다. 그런데 연습 시간에 친구들이 모이지 않는 날이 이어지고 연습에 매진하지 못하는 아이들이 많아서 짜증만 계속 쌓였다. 회의에서는 "의욕도 없는데 날짜만 채운다고 의미가 있겠냐?"라는 식의 말이

몇 번이나 나왔다. 눈에 거슬리는 행동을 하는 학생에게는 직접 지적도 했다. 그렇게까지 해도 상황이 나아지지 않았다.

6월도 중반에 이르렀고 두 달 이상이나 달라지지 않는 분위기에 진저리가 났다. 야마모토 선생님과 상담을 해볼까, 생각했다가 곧바로 지워버렸다. 지금 여기에서 선생님께 의지하면 선생님은 손을 내밀어주시겠지만, 계속 의지하게 될 것 같아 불안했기 때문이다. 나는 우리 힘으로 연극을 만들겠다는 뜻을 굽힐 생각이 없었다.

그러다 문득 '나는 왜 아직도 혼자 힘으로 걸어가겠다고 고집만 부리는 건가?'라는 의문이 들었다. 냉정하게 생각해보면 선생님께 의지해버리는 편이 편하고 부드럽게 흘러갈 것이다. 완성된 작품의 질도 높아질 것이다. 그렇지만 나는 우리끼리 나아가려고만 했다. 이유는 잘 모르겠다. 굳이 말하자면 직감, 이라고밖에 표현할 길이 없다.

그로부터 며칠이 지나, 연습을 하고 싶은데 의욕 없는 학생들 때문에 불만을 키우던 친구들과 이야기하다가 이런 발언이 튀어나왔다. "부장이 없으면 제대로 연습이 안 된단 말이야."라는 것이었다. 이 팀이 내게 너무 의지하고 있구나.

나는 충격을 받았다. 그와 동시에 혹시, 하는 마음이 들었다. 선생님의 역할이 내게 옮겨와버린 것이 아닌지, 사람만 바뀌고 실제로는 아무것도 바뀌지 않은 것은 아닌지…… 이것은 섬뜩한 가설이었다. 그러나 이 가설대로 생각하자 여러 일들에 납득이 갔다.

192

지금 의욕적인 아이들은 자립해 걷기 시작할 준비가 되었다는 뜻이겠지. 그렇다면 해야 할 일은 하나다.

연습에 대한 내 태도는 크게 바뀌었다. 무언가 조언할 때 하고 싶은 말을 다 하지 않고 상대가 스스로 깨달을 수 있는 여지를 남기려고 노력했다. 내게는 무척 어려운 일이었다. 효과가 있었는지는 모르겠다. 하지만 조금씩이지만 스스로 움직이려는 아이들이 늘어났다.

이렇게 여름 방학이 시작되었다. 개학하면 바로 문화제가 열린다. 그런데도 역시 전체적인 분위기가 바뀌는 극적인 상황은 찾아오지 않았다. 스스로 생각하고 앞으로 나아가기 시작하는 학생들이 확실히 보이는 가운데서도 변함없이 아무 느낌도 없는 아이들이 꼴불견으로 보였다. 나는 여러 방법을 써봤지만 결국 본인이 자신이나 주변의 상황에 맞추어 바뀌려는 마음이 없으면 의미가 없다는 것을 알았다.

딱 한 번, 선생님이 연습을 보러 오셨다. 그 시점에서 보여드릴 수 있던 것은 연극이라 할 수 있을지도 의심스러울 정도로 볼품없었지만 선생님은 진지하게 조언해주셨다. 추상적이긴 했지만 우리의 자발적인 사고를 키워주는 멋진 조언이었다. 선생님은 아무것도 직접적으로 가르쳐주시지 않았지만 많은 것을 느꼈다.

눈 깜짝할 사이에 8월도 하순으로 접어들었다. 그러나 아이들의 동기는 바닥에서만 머물며 기어오를 의지가 없어 보였다. 당연히 연극의 완성도도 떨어져서 도저히 못 봐 줄 정도였다. 문화제

공연이 어떻게 될지 상상하기도 싫었다.

여름 방학이 끝나고 문화제까지 앞으로 얼마 남지 않은 상황에서 한 아이가 몸이 안 좋아져서 무대에 설 수 없게 되었다. 문화제를 코앞에 두고 배역을 바꾸어야 하다니, 예상도 못한 돌발 사태였다.

이 사건은 모두의 마음을 하나로 모으는 데 큰 역할을 했다. 직전에 연기자가 바뀐다는 보이지 않는 큰 시련을 의식하면서 비로소 자신들이 얼마나 노력해야 하는지를 깨달은 것이다.

드디어 전원이 의지를 불태우기 시작했다. 각자 극의 완성도를 높이고자 적극적으로 매달리기 시작했고 단숨에 끝이 보이기 시작했다. 그때부터는 오로지 연습에 연습을 거듭했고 더 잘할 수 있는 점을 찾으려고 의견을 나누면서 필사적으로 고쳐나갔다. 연습의 효율도 점점 높아져서 재미있는 아이디어도 여기저기서 속속 튀어나왔다.

그렇게 맞이한 문화제 당일.

6개월 가까이 연습한 성과를 보여줄 날이 드디어 왔다. 중간에 여러 문제에 부딪히고 괴로워하기도 했지만 어쨌건 이날을 맞이할 수 있게 되었다. 공연은 거의 성공적이었다고 해도 좋을 듯했다.

내 머릿속에는 4월부터 우리들의 궤적이 필름처럼 스쳐났다. 그리고 한 가지 깨달았다. 어떻게든 우리 힘으로만 해내려던 생각은 틀리지 않았다는 것이다. 당연히 선생님께 부탁해야 할 시기도 많았지만 그때 의지했다면 지금과 같은 성취감이나 성공은 맛

보지 못했을 것이다.

이렇게 우리만의 문화제는 끝났다.

다음 목표인 11월 도쿄 대회에 참가하기 위해 마음을 새로 다져야 할 것 같았다. 다음 연습 때는 문화제 직전의 긴박감을 유지한 채 대회 연습에 돌입할 각오로 임했다. 문화제 수준의 완성도로는 다른 학교와의 경쟁에서 절대로 이기지 못한다는 것을 알았기에 신경이 상당히 날카로웠다. 아이들도 거의 같은 마음이었던 것 같다.

일부 학생들의 태도로 그 초조함은 더욱 커지기만 했다. 하나의 목표를 달성했다는 만족감에 영어 연극에 대한 의지가 수그러든 학생들이 있었다. 그런 아이들은 주위 사람들에게 방해만 되었다.

나는 더는 아무 말도 하지 않았다. 그들을 어떻게든 설득해서 의지를 이끌어냈다 해도 어차피 '억지로 살아난 의지'에 지나지 않음을 문화제 경험으로 뼈저리게 느꼈기 때문이다. 스스로 하고자 하는 의지가 없다면 결국 똑같다고 생각했다.

그 대신 스스로 생각하고 앞을 보고 나아가려는 아이들과는 적극적으로 의견을 나누었다. 그렇게 함으로써 자발적인 학생이 점점 나아지는 과정을 보면 결국 다른 아이들도 영향을 받을 것이라고 믿었기 때문이다. 이런 방법을 써도 좋을지는 자신이 없었다. 자칫 잘못하다가는 팀 안에서 수준 차이만 날 뿐 아무런 효과도 발휘하지 못할 수도 있는 방법이었던 것이다. 나는 이 가능성과 내기했다.

그러자 두각을 나타내기 시작한 학생이 한 명 보였다. 그녀는 문화제까지는 그다지 눈에 띌 정도로 의욕을 불태우던 아이는 아니었지만 여러 사람들의 말에 귀를 기울이기 시작했다. 조금이라도 자신에게 도움이 될 만한 일이 있으면 몸을 앞으로 쑥 내밀며 주의 깊게 들었다. 그녀는 치면 칠수록 크게 울리는 북이었다. 연기가 나날이 발전했다.

주위에서 낙오되어 홀로 남은 학생도 솔직히 있었다. 그런 아이에게는 직접 말로 타이르기도 하고 함께 연습하자고 손을 잡아끌기도 하면서 여러 사람이 다양한 방법으로 자극을 주었다.

그리고 나 혼자의 힘이 아니라 모두의 힘으로, 집단으로서 목표가 자리 잡기 시작했다. 대회에서 좋은 결과를 남기자. 그것이 모두의 가슴에 명확하게 들어앉았고 드디어 "전원이 자신의 힘으로 극을 완성한다."라는 경지에 이르렀다.

대회까지 일주일을 남긴 시점에서 문화제 직후의 분위기는 거짓말처럼 사라졌다. 연기자들은 자발적으로 연습을 하겠다고 말을 꺼냈고 모이는 날을 알아서 결정했다. 그런 모습을 보면서 내가 없어도 상관없겠다는 믿음이 생겼다. 신기하게도 내가 필요 없겠다는 감정이 전혀 슬프지 않았다. 오히려 기뻤다. 줄곧 꿈꾸던 각자의 자립이 실현된 증거였기 때문이다.

드디어 대회 전날, 참가 전 마지막 리허설. 이 연습은 야마모토 선생님도 봐주셨다. 그리고 끝난 후 모임에서 "다른 학교는 어른들이 이것저것 돌봐주고 계시겠지만 너희들은 스스로 여기까지 해냈다. 선생님의 도움 없이도 만들어냈다는 자부심을 갖길 바란다."라는 말씀을 해주셨다. 모두 고개를 끄덕였다. 마음이 하나가 되었다.

다음 날 대회 당일. 대기실에 모인 아이들의 불안과 긴장이 피부로 전해졌다. 그 마음들을 날려버리듯 큰 소리로 노래를 불렀다. 전원의 목소리가 하나로 울려퍼지자, 괜찮아, 올해는 이길 수 있어, 라는 믿음이 생겼다. 만일 순위에 들지 못한다 하더라도 나는 내 동료들과 맞이한 이 순간이 자랑스럽다. 그것만으로도 충분했다.

막이 오르자 모두 최고의 연기를 보여주었다. 한 명 한 명이 주인공이었다. 다른 학교의 누구보다 내게는 그들이 빛났다. 흠잡을 데 없는 최고의 무대였다고 자부한다. 보는 내내 즐거웠고 50분이 찰나처럼 흘렀다. 1년 전 이날부터 오늘까지 모두와 함께 기쁨과 슬픔을 나눌 수 있어서 정말 행복했다. 함께 연극을 만들어낸 것은 물론, 함께 고민하면서 성장해온 날들은 무엇과도 바꿀 수 없는 값진 경험이다.

그리고 결과는 3위 입상과 여우 조연상 수상.

모두 기쁨을 나누었다. 1, 2위에게는 트로피가 주어지지만 3위에게는 없다. 그렇지만 상장으로도 충분했다. 그보다 소중한 것을 받았으니까. 그렇다. 우리는 최강 팀이다. 이것만은 다른 어느 팀에도 지지 않는다. 전원이 스스로 생각하고 자발적으로 노력을 쌓아온 이 집단은 틀림없이 최고의 동료였다(권두 사진 8쪽 아래).

고맙다는 말이 입에서 절로 나왔다. 내가 힘을 낼 수 있었던 것은 모두의 협조 때문이었으며 수상할 수 있었던 것도 모두의 덕분이다. 아무리 고마움을 전해도 부족하다. 그리고 선생님께도 매우 감사하다. 지금까지 지켜봐주신 것, 그것이 우리를 크게 성장시켜주었다.

이로써 우리 대회는 막을 내렸다. 그리고 더욱 큰 성장을 위해 다시 연습을 하려고 한다. 마지막으로 한 번 더 3월에 교내 공연을 열기로 결정했다. 여러 가지 이유로 참가하지 않기로 결정한 사람도 있다. 각자 신중하게 고민하고 앞으로도 활동을 계속할지 스스로 결정했다. 나는 연극 제작에서 반쯤 손을 빼기로 했다. 이들이라면 자력으로 만들어가리라 믿고, 또 본인들도 훨씬 즐거울 것이기 때문이다.

남은 학생들은 이제 구체적인 계획을 짜기 시작했다. 한 아이가 "대본이 완성될 때까지 여러 사람이 교대로 자기 특기를 살린 워크숍을 하는 게 어때?"라는 제안을 해서 또다시 새로운 시도가 시작된다. 이 팀은 자신들의 힘으로 더욱 앞으로 나아갈 것이다. 무한한 힘으로 앞으로도 얼마든지 성장할 것이다.

한 해를 돌아보니 선생님은 우리에게 무언가를 직접 가르쳐주신 적은 없지만 행동으로 많은 것을 보여주셨다. 그중 최고봉은 역시 '자율적으로 나아가는 힘'이 아닐까? 선생님도 우리를 보면서 이런저런 참견을 하고 싶으셨을 것이다. 그러나 선생님은 아무 말씀도 하지 않으셨다. 우리가 학습할 기회를 빼앗지 않기 위해서였다.

지도를 받는 것은 간단하지만 그럼으로써 얻지 못하는 것도 있다. 스스로 깨달은 사실이나 자발적으로 한 행동은 지도를 받거나 억지로 하는 것에 비교도 안 될 만큼 자기 것으로 흡수되기 때문이다. 하나에서 열까지 모두 가르쳐주는 것이 옳은 방법이라 할 수 없다.

덧붙여, 상대에게 자립하라고 말하는 것은 쉽지만, 상대가 그 말만 듣고 자립할 수 있는지는 여전히 의문이다. 그러지 않고 조금이라도 상관없으니 그 사람이 여러 경험을 통해 깨달으며 행동할 수 있도록 힘을 보태주는 것이 진정 가치 있는 교육이 아닐까 싶다. 이는 문화제가 열리기까지의 내 방법과, 문화제를 마치고 난 후 모두의 반응에서도 분명하게 드러난 것 같다.

내가 선생님께 의지해서는 안 된다고 직감적으로 느낀 적이 있다고 했는데, 나중에 돌이켜보면 내 힘으로 밀고 나간다는 즐거움을 본능적으로 알아버렸기 때문이 아닐까 싶다. 즐거움에도 여러 종류가 있지만, 가벼운 유희가 아니라 몸의 밑바닥부터 끓어오르는 감정이다. 능동적으로 움직이는 것이 이렇게도 즐거운 일인 줄 나도 몰랐다.

이제는 "내 삶을 스스로 살아간다."라는 말의 의미를 알 것 같다. 무언가에 주체적으로 몰두하는 것이 삶이며 그 삶은 더할 나위 없이 즐겁다. 선생님은 이것을 알려주고 싶으셨던 것이 아닐까?

스스로 배우는 학생을 만드는 가르치지 않는 수업

초판 1쇄 발행 2017년 3월 31일
　　　2쇄 발행 2018년 6월 21일
원작 なぜ「教えない授業」が学力を伸ばすのか
지은이 야마모토 다카오
옮긴이 정현옥
발행인 도영
표지 디자인 오필민
내지 디자인 손은실
마케팅 김영란
발행처 솔빛길 등록 2012-000052
주소 서울시 마포구 동교로 142, 5층(서교동)
전화 02) 909-5517
Fax 0505) 300-9348
이메일 anemone70@hanmail.net
ISBN 978-89-98120-35-1 03370